钓鱼装备与技法实战

王少臣、灌木体育编辑组 编著

全彩图解版

人民邮电出版社

北 京

图书在版编目（ＣＩＰ）数据

　　钓鱼装备与技法实战：全彩图解版 / 王少臣，灌木
体育编辑组编著. -- 北京：人民邮电出版社，2016.1
　　ISBN 978-7-115-40453-4

　　Ⅰ. ①钓… Ⅱ. ①王… ②灌… Ⅲ. ①钓鱼（文娱活
动）－基本知识 Ⅳ. ①G897

　　中国版本图书馆CIP数据核字(2015)第219973号

内 容 提 要

　　本书由北京市钓手排名赛总决赛冠军写作，总结其26年实战经验，内容涵盖从传统钓、海钓、台钓、路亚这四种钓鱼方式，到钓鱼装备和基础技法。钓鱼装备部分介绍了鱼竿、鱼线、鱼钩、浮漂、铅坠等常用钓具的选择、养护和使用，钓鱼技法部分介绍了选择钓点、打窝子、制饵、挂饵、甩竿、投竿、提竿、溜鱼等基本技法。

　　本书通过钓鱼冠军的真人实拍技法照片以及水文、鱼种彩色插图的形式，详尽地展示了各种技法的操作步骤，方便读者直观理解知识点。并且特别设置了钓鱼冠军Q&A版块，通过问答形式帮助广大钓友答疑解惑。

　◆ 编　　著　王少臣　灌木体育编辑组
　　　责任编辑　李　璇
　　　责任印制　周昇亮

　◆ 人民邮电出版社出版发行　　北京市丰台区成寿寺路 11 号
　　　邮编　100164　　电子邮件　315@ptpress.com.cn
　　　网址　http://www.ptpress.com.cn
　　　北京天宇星印刷厂印刷

　◆ 开本：700×1000　1/16
　　　印张：12　　　　　　　　　　　2016 年 1 月第 1 版
　　　字数：228 千字　　　　　　　　2025 年 7 月北京第 26 次印刷

　　　　　　　　　定价：49.80 元

读者服务热线：(010)81055296　印装质量热线：(010)81055316
反盗版热线：(010)81055315

目录 CONTENTS 钓鱼装备与技法实战（全彩图解版）

1. 了解钓鱼这项运动

1.1 种类繁多的钓鱼方法

1.2 常见鱼类的共同习性

2. 钓鱼的装备介绍

2.1 必备的钓鱼装备

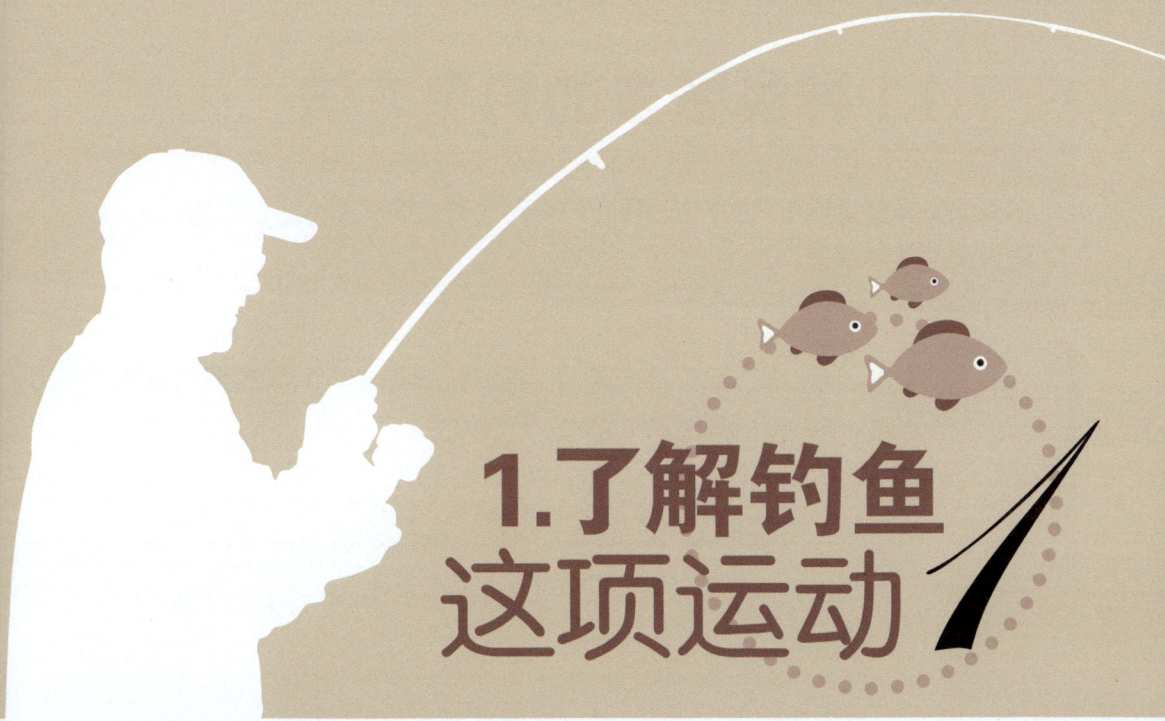

1.了解钓鱼这项运动

1.1 种类繁多的钓鱼方法

不同的鱼类要使用不同的方法来钓，只有因地制宜地掌握合适的垂钓方法，才能大大提高捕获量。

[传统钓]

最"老式"的钓法，也是钓友们用得最广泛、最普遍的钓法之一。不但用于淡水钓，也用于海洋钓。

传统钓的钓法分类

钓法分类	优势
朝天钩钓法	主要分单钩和双钩两种，优势是鱼坠和鱼钩合二为一。
睡钩钓法	适应性最强，能够做到稳、准、狠地钓多种鱼类。
立钩钓法	无论是上钩率还是捕获率，都高于睡钩钓法。
张钩钓法（排钩钓法）	在湖泊、水库等静水水域使用效果好，多为渔人所用。
延绳钩钓法	适用于渔场广阔、潮流较缓的海区。以钓海鱼为主。
绷钩钓法	绷钩钓法不需用漂。
竹卡钓法	用来钓下层鱼。因其纲绳全部沉入水底，所以不用浮漂。
轮车竿钓法（甩钩钓法）	广泛用于淡水钓，也可用于海洋钓。

[海钓]

指垂钓者在海边的礁石上、沙滩上、海滨防波堤上、海中岛屿上以及船上，在大海进行垂钓。

海钓的特点

海钓时，要认识海洋所具备的三大适合垂钓的特性。

第一，海洋存在寒、暖洋流。许多海鱼有随着洋流游动的习性，寒、暖洋流会带来大量的有机物和浮游生物，尤其在每年寒暖洋流交汇之时，更是海鱼觅食的最佳时节。

第二，海洋有潮汐的涨落。海水涨潮时会把大量的海鱼带到岸边，此时有利于垂钓；落潮后则不利于垂钓。

第三，早、晚海面相对平静，适宜垂钓。白天海上易起大风浪，甚至会危及垂钓者的生命安全，所以不宜垂钓。

海钓的钓法分类

钓法分类	优势
矶钓（礁石钓）	我国沿海地区最流行的海钓钓法。
码头钓	钓点容易寻找，钓位安全性好，钓获量较多。
船钓	不易受潮汐的影响，有更多品种的鱼类可以选择。
浮筏钓	主要目标鱼类是鲷类鱼，钓点就在身边是一大优势。
滩钓	不需要浮漂，专钓底层鱼，目标鱼类为沙梭和石首鱼科。
失坠式手线钓	主要用于夜钓，适合于对水下情况比较了解的水域。

[台钓]

即台湾钓鱼技法，可以分为休闲钓和竞技钓两种。目标鱼类为鲫鱼、鲤鱼、鳊鱼、鲢鳙、草鱼等多种淡水经济鱼。

台钓的优缺点

优点

台钓具有灵敏度高、隐蔽性强、对目标鱼的诱惑力大等优势。从风靡全国的"手竿钓鲫比赛"就能看出台钓的先进性。作为新传入的垂钓方式，对于内地钓友来说，台钓能做到又多又快地钓上目标鱼，这不仅表明了台钓技术上的先进性，更满足了钓友的征服欲和成就感。

缺点

台钓的优点虽突出，却有一定的局限性。

台钓只适合在养殖池、池塘等地点，钓一些高密度的小型鱼类，不适合在自然水域或恶劣天气条件下进行垂钓。而且相对来说台钓的装备比传统钓的装备昂贵，需要雄厚的物质基础做后盾。另外在应用上，台钓调整浮漂比较复杂，需要具备一定垂钓经验的钓友才能掌握，因此不适合刚入门的垂钓爱好者。

[路亚]

即仿生饵钓法，也叫作"拟饵钓法"，是用模仿的弱小生物来引发大鱼攻击的一种钓法。路亚讲究技巧，需要竿、饵和轮的配合操作。

路亚的优缺点

优点

路亚的装备具有方便携带、随用随取等优点，而且更加环保。使用路亚钓法绝对不会对水质造成污染。

相对于台钓来说，路亚钓法在时间上也没有局限性，无论是白天还是黑夜都可以任意飞竿。而台钓必须在相对平坦的陆地搭台施钓。而且台钓最长的竿只能控制在 20 多米，对于大型水域，如果想钓到鱼类的话，台钓的手竿还是比较有局限性的。

缺点

虽然路亚相比传统台钓有很多优点，但也存在着一些不足。路亚一般是三个钩（即三本钩），能钩到鱼的一般是 1~2 个钩，有时甚至是三个钩，而且一般的三本钩都带有倒刺，解钩的时候非常麻烦，还会令鱼流血不止，就算放生其也无法存活。

路亚在每次收鱼后，都需要重新理线，用线轮卷线，否则就容易乱线。

🎣 1.2 常见鱼类的共同习性

想要钓好鱼，首先要对鱼的生活习性有所了解，大多数鱼类都存在着共同的生活习性，只要我们牢记这些习性，在钓鱼时细心观察，加以实践，就会提升鱼的上钩率，钓到更多的鱼。

针对水温的习性

鱼类是变温性动物，它们的体温会随着水温的变化而变化。常见的淡水鱼最适合的水温一般是 15~25 摄氏度，因此这也是最适合我们钓鱼的水温。在这个温度区间里，淡水鱼的活跃性越强，生长发育就越快，处于到处觅食的状态，是最容易上钩的时候。当水温高于或低于这个范围时，鱼类会根据自己的体感，游到最适合自己生活的水温的水域。

下面简单介绍几种常见鱼类的适应水温范围，以供参考。

鱼类	温度范围
鲫鱼	低温 0~10 摄氏度，高温 30 摄氏度左右。
草鱼	10~32 摄氏度。
鲢鱼	高温 30~32 摄氏度。
罗非鱼	高温 35 摄氏度左右。
甲鱼	低于 15 摄氏度时停止觅食。

针对声音的习性

鱼类对声音的反应是极其敏感的，水面和岸边只要有细微的动静就会引起鱼类的警觉，鱼类就会立刻停止觅食和咬钩。所以我们在选择钓点的时候，要尽量选择比较僻静的地方进行垂钓。"喜静、怕扰"是所有鱼类的共同习性。

我们在垂钓时，要尽量保持安静，切勿高声谈笑，更不要试图往水中扔石头。同时我们在做"下钓"或"起水"的动作时，动作尽量放轻，特别是在比较清澈的水域。

针对嗅觉的习性

鱼类在水中是通过鼻孔来发挥嗅觉功能的。鱼类的嗅觉十分灵敏，能够快速感受到味道并加以识别。即使是在夜晚钓鱼，鱼也会上钩，这正是因为鱼类能用嗅觉辨识物体，感知到鱼饵的存在。

也有一部分鱼类视觉辨识能力很强，不完全依赖嗅觉也能在水域中发现饵料。

针对溶氧度的习性

水域中的氧气主要来源于水生植物的光合作用。水中溶氧量的多少，除了与水生植物的光合作用有关，还会受天气因素的影响。

有相关研究表明，当水域含氧量饱和，即达到 6 毫克 / 升以上时，鱼类才会感到舒适，才会更为活跃，食欲更加旺盛，不仅会吃得多，还会长得快、长得肥。相反，如果含氧量低，鱼类便会烦躁不安，甚至会停止觅食。

水中溶氧量分析表

白天 > 黑夜	晴天 > 阴天
有风 > 无风	流水 > 静水
水域上层 > 水域下层	

2.钓鱼的装备介绍 2

OOLS INTRODUCTION

2.1 必备的钓鱼装备

工欲善其事,必先利其器。不同的鱼类需要不同的钓鱼装备。装备使用不当,则钓鱼的效率会大大下降。另外,垂钓者也需要准备适合自己的装备。

[**鱼竿**] 是钓鱼的主要工具。竿上不装放线器的话,称之为手竿;能借助抢竿的离心力把线组甩得很远的鱼竿,有海竿和矶竿两种。

鱼竿的组成

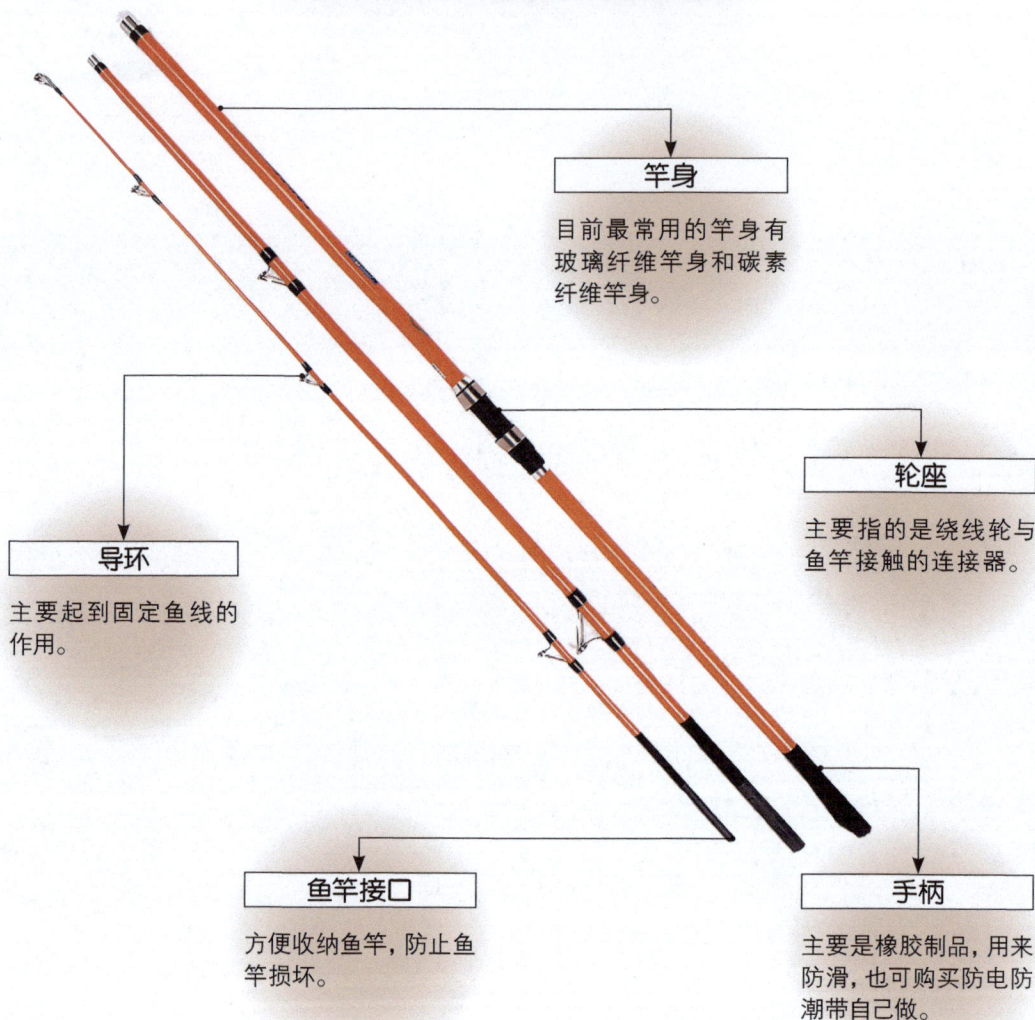

竿身

目前最常用的竿身有玻璃纤维竿身和碳素纤维竿身。

轮座

主要指的是绕线轮与鱼竿接触的连接器。

导环

主要起到固定鱼线的作用。

鱼竿接口

方便收纳鱼竿,防止鱼竿损坏。

手柄

主要是橡胶制品,用来防滑,也可购买防电防潮带自己做。

鱼竿的种类

按材质分

❶ 碳素竿

又称碳纤维鱼竿，是众多钓竿中最常用的一种。与普通玻璃钢钓竿和传统的钓竿相比，其优点是显而易见的。

碳素竿具有韧性好、重量轻的特点。竿身采用高科技碳纤维材制造，具有很好的弹性，但同时也具有一定的导电性，因此在使用这种钓竿时一定要注意防电。另外，碳素竿中的碳素含量有高低之分，目前含碳素量较高的钓竿多来自日本。

← 普通碳素竿

普通碳纤维材质的鱼竿，是用途最广的鱼竿，它适合于任何环境，可钓任何鱼类。它的优点是质量轻、弹性好，缺点在于韧性不足。

← 超硬碳素竿

超硬碳纤维材质的鱼竿，竿身牢固，硬度大，耐腐蚀，耐老化，弹性、韧性好，适合于钓各种大型鱼类。

→ 超轻碳素竿

超轻碳纤维材质的鱼竿，竿身轻巧，方便携带，耐腐蚀、耐老化，有良好的弹性和韧性，适合于钓各种小型鱼类。

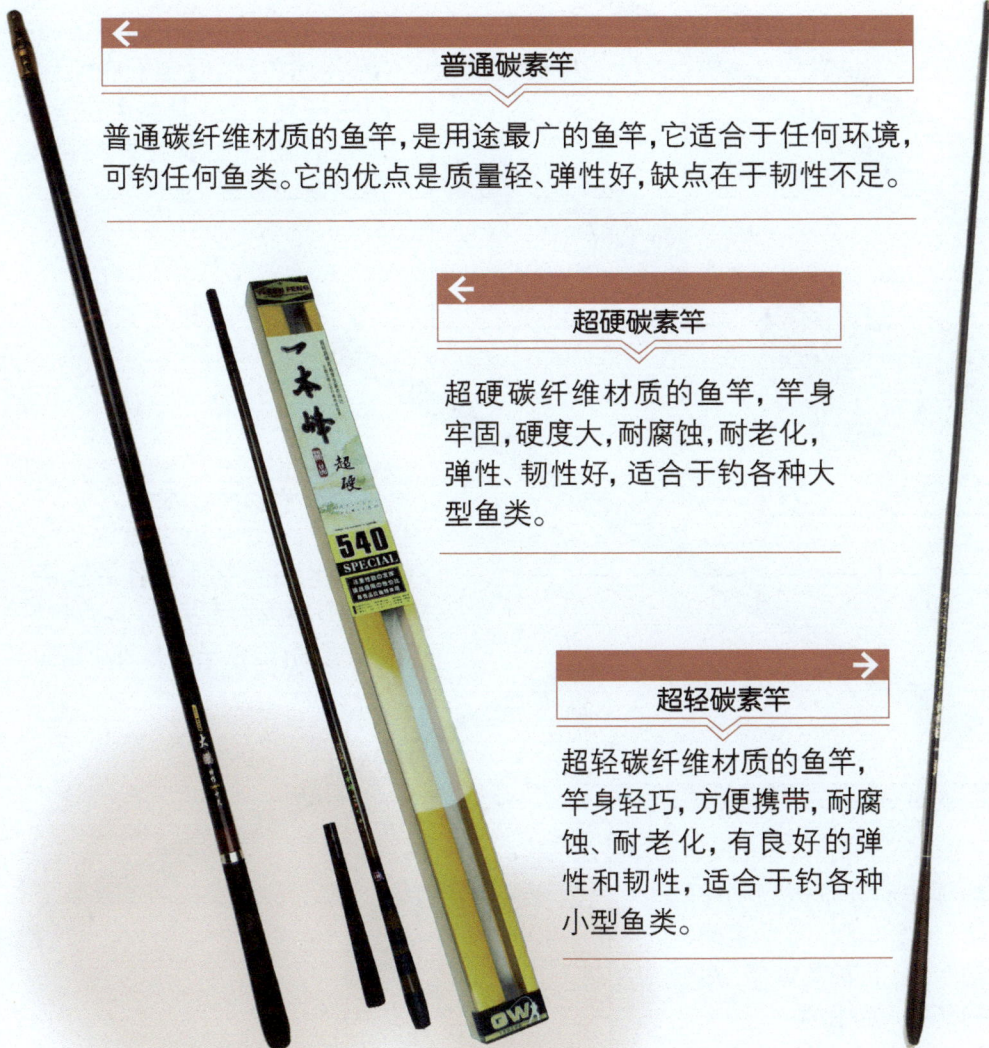

❷ 玻璃钢竿

又称玻璃纤维树脂鱼竿,具有韧性好、强度高、垂度大、不怕水泡、不怕阳光直晒、坚固耐用且种类繁多等特点。

玻璃钢竿主要采用玻璃纤维缎纹布制作,是经过浸泡环氧树脂、醛树脂,高温固化成型的空心管或实心的竿体。和碳素竿相比,玻璃钢竿具有不导电的优势,更适合于雷雨天的垂钓。

← 普通玻璃钢竿

以普通玻璃纤维树脂制作的鱼竿,用途广泛。适合于任何环境,可钓任何鱼类。其特点在于具有较好的坚韧性,弹性好,不导电;但重量比较重、垂度大。

← 超轻玻璃钢竿

以超轻玻璃纤维树脂制作的鱼竿,竿体轻巧,方便垂钓者携带,具有较好的韧性,强度高,适合于钓各种小型鱼类。

超硬玻璃钢竿

以超硬玻璃纤维树脂制作的鱼竿,竿身牢固,不怕直晒,不怕水泡,且种类繁多,适合于钓各种大型鱼类。

碳素竿与玻璃钢竿的对比分析

对于初级垂钓者而言，总是会弄混碳素竿和玻璃钢竿，不知道这两种竿应该如何去辨别，以及哪一种竿适合什么样的环境垂钓，钓什么鱼适合什么样的竿。

下面我们为大家简单罗列出这两种竿的区别，以使初级垂钓者能更方便快捷地找到适合自己的鱼竿。

碳素竿	玻璃钢竿
碳素竿上有防电标志。	玻璃钢竿上没有防电标志。
碳素竿质地细密，一般无花纹。	玻璃钢竿质地粗糙，有网状花纹。
碳素竿材质轻、直，小巧玲珑。	玻璃钢竿径粗、材质重，较笨拙。
碳素竿弹性大。	玻璃钢竿弹性小。
碳素竿的价格相对较高。	玻璃钢竿价格低廉。
碳素竿适合非雷雨天使用。	玻璃钢竿适合任何天气使用。
碳素竿适合钓大鱼。	玻璃钢竿适合钓中、小型鱼。

教你如何辨别碳素竿与玻璃钢竿的真伪

对于初学者来说，市面上出售的鱼竿真假难辨。一根鱼竿少则几十元，多则上千元，若是购买的时候不懂行，难免会上当受骗。在挑选时，要先从外观上看，观察印在竿身上的商标、图案和文字是否模糊、粗糙，是否颜色不均；如果有这些缺点，那么很可能是假冒品或残次品。下面我们教大家如何辨别碳素竿与玻璃钢竿的真伪。

观察最末端的漏水盖

检查每节末端的透明漆或彩色漆部分，看有无气泡颗粒所造成的空隙，纤维条纹是否粗糙，每节的厚度是否均匀。若外观无气泡，纤维条纹细密、整齐，厚度均匀且较厚，则是好竿。还可以用手捏捏，以捏不动、捏时不会发出声音的为好。

将竿逐节拉开伸直

双手平举鱼竿，左右摇晃，竿身会因为反弹力而出现振动现象。若从竿梢算起的第四、五节有反弹力，就表明这样的竿是好竿；若从第六、七节才开始有反弹力，则表明竿太软；若从第三、四开始有反弹力，则表明这种竿太硬。

观察接头处

查看插入竿内几厘米的那部分是否硬实、光滑、无裂痕。然后再把每节抽出来，看是否露出接头。若接头没有外露，则是好竿。

把竿的各节插好并伸直

用手感应竿的重量，若竿的重心在竿尾，也就是相对较粗的后半部分，则是好竿。如果竿的重心在中间，那么举竿时会很费力。

用手指轻轻敲打竿身

好的钓竿在敲打时，会发出清脆的声音。如果发出沉闷的声音，则说明是次竿。

看竿身有无质量认证

ISO-9000是质量管理体系认证标志。一般好的竿都会通过此认证。这也是最简单的辨别方法。

按用途分

❶ 手竿

专指竿梢装线不装绕线轮的手持钓竿。手竿的竿尖灵敏，手感极佳，而且竿身没有导线环及鱼轮装置。手竿的竿头有一条红绳，只用一条等竿长的鱼线进行垂钓。主要适用于溪流钓、池塘钓，也适用于水库钓和湖泊钓。适合钓鲫鱼和鲤鱼等鱼类。

手竿的竿长（指手竿组装或展开后的实际长度）				
常规长度：	2.7 米	3.6 米	4.5 米	5.4 米	6.3 米
非常规长度：	3.9 米	4.2 米	4.8 米	5.1 米	
休闲钓长度：	3.6 米	3.9 米	4.5 米	5.4 米	
竞技钓鲫比赛：	3.6 米长的手竿为比赛用竿。				
混养钓比赛：	5.4 米以下的手竿为比赛用竿。				

手竿按伸缩后的长度分类	
袖珍竿： 收缩长度小于 40 厘米	**中长节竿：** 收缩长度在 70~90 厘米
短节竿： 收缩长度在 45~65 厘米	**长节竿：** 收缩长度大于 90 厘米

碳素手竿

碳素纤维的手持钓竿，具有良好的弹性和导电性能，适合垂钓各种鱼类。

玻璃钢手竿

玻璃纤维树脂的手持钓竿，适合于任何环境，可钓任何种类的鱼。它有良好的韧性、弹性，不导电，手感也较好；但比较重，垂度大。

超硬调手竿

竿壁的厚身设计让钓竿具有更好的抗拉力，长距型磨砂防滑把段，握感十分舒适。重心后移，使用起来更得心应手。调性强劲，即便是对大鱼也能轻松应对。这种钓竿适合钓大型水域的大型鱼类。

软调手竿

软调手竿的柔韧性好，竿体较细，轻便。钓到鱼后持竿的手感好，且便于发挥钓竿的弹性张力，适于钓鲷类等具有持久拉力的鱼类。钓到鱼类时拉出水面慢，不适合垂钓大型鱼类。

硬调手竿

硬调手竿的韧性较强，竿体过硬，适于有杂物的水域，可高速钓起拥有持久拉力的鱼类。但要注意的是，钓到大鱼时抬竿要用巧力，如果抬竿过猛，很容易折断鱼竿。

超长手竿

超长手竿，竿体长，钓点范围广。该竿覆盖水面宽，可用的钓点多，垂钓者可以有更多的选择。超长手竿是搏击大型鱼类的利器，由于竿体长、线长，可缓解大鱼的冲撞。但因其太长，操作不便捷，垂钓者要有较好的体力才能操作。

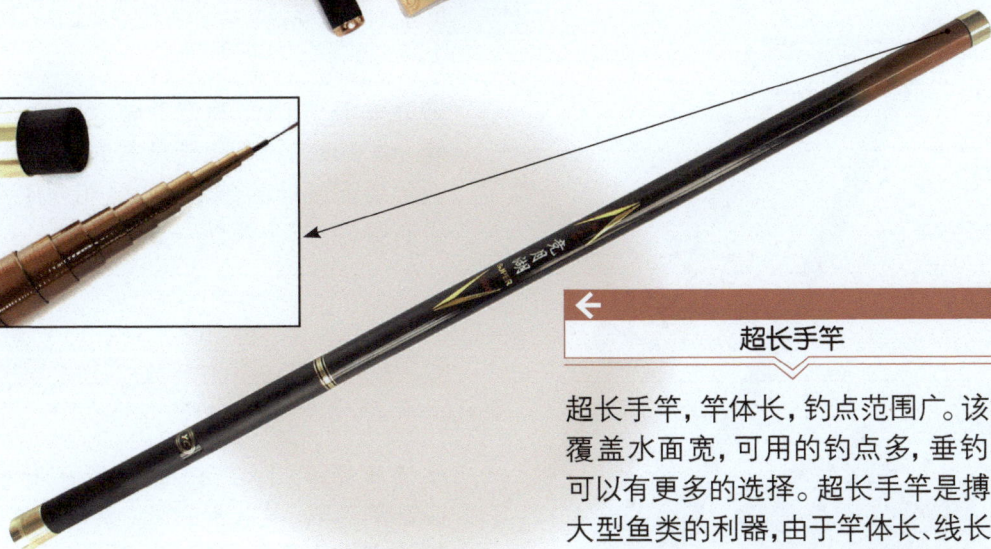

鲫鱼竿

鲫鱼竿是专门为钓鲫鱼而设计、生产的鱼竿。这种竿的特点在于竿体纤细，重量轻，竿身挺直，手感舒适，具有较强的韧性。长度一般在 2.1 米 ~4.5 米。

鲤鱼竿

鲤鱼竿是专门为钓鲤鱼这样的中大型鱼而设计、生产的鱼竿。这种竿的特点在于竿身直，竿壁厚，强度高，具有较强的抗冲击性。

罗非竿

罗非竿是专门为钓罗非鱼这种吃食猛、中钩率高、中钩后具有较大冲击力的鱼而设计的鱼竿。竿梢部分几乎没有弹性，竿身浑然一体。

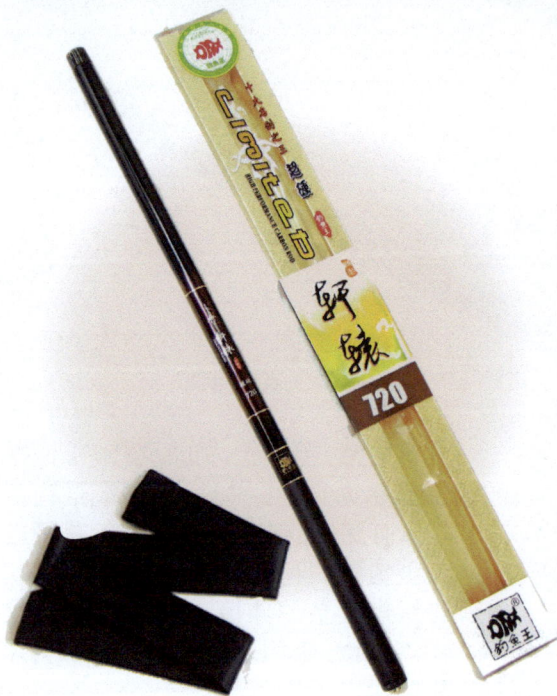

溪流竿

溪流竿是专门为溪流垂钓爱好者而设计的鱼竿。收起后较短，携带方便，其特点在于重量极轻，竿壁非常薄，价格便宜。缺点是节多，调性软，硬度不高，常会断竿等。

手竿易断的原因

对于初学者而言，在垂钓时经常会出现将手竿断掉的情况，原因并非都是碰上了超过手竿负荷的大鱼，更多时候是因为初学者操作不当才将竿折断的。下面我们向大家介绍几种常见的最易将竿弄断的原因以及正确的操作方法。

Q 情况概述

钓上鱼后，钓友为了使鱼靠近自己、方便取鱼，此时竿尖开始负重。加上钓友用力去抓钓线，以及鱼的挣扎，这些举动大大加重了竿尖的负荷，竿尖就会完全断裂。

A 正确做法

鱼上钩后，提鱼时要先将钓竿偏向握竿手的右边，再向侧后方拉竿，使钓竿形成大弧度弯曲，全竿都受力，这样就能避免竿体断裂。

Q 情况概述

在进行垂钓时，如果钓友的手移至竿中部，甚至移至竿尖位置，会使竿身的后半部分失去承受负荷的作用，只有竿尖在负荷，这样手竿就容易折断。

A 正确做法

手握竿柄，利用鱼竿的弹力与鱼做周旋，等鱼挣脱不了时再及时提竿，利用鱼竿的巧劲把鱼提出水面。

Q 情况概述

鱼钩挂底后，钓友猛抬鱼竿，这样做轻则会使鱼竿的插接口处松裂，重则会将竿挑断。

A 正确做法

挂底后，应将鱼竿向前后左右提一提。如果提不上来的话，设法手握钓线使劲拉，舍钩线保鱼竿，这也是个方法。有的钓手出线提竿动作过大过猛，也是断竿的原因。

❷ 海竿

又称投竿、抛竿，意指用作远投，多以打沉底的方法垂钓。其竿头也比较硬，手感一般，竿身有大导线环和鱼轮装置，因此竿身较重。在钓竿的柄部装有一个绕线轮，缠满钓线，当用力甩投时，就能把饵钩抛到较远的水域。由于它优点众多，逐渐成为垂钓者必备的钓具。一般我们把海竿的硬度设定为 10~40 号，号越大，竿就越粗越硬，力度也就越大，但调性就会相应减弱。

海竿的长度				
短节海竿（收缩长度小于 75 厘米）	1.8 米	2.1 米	2.4 米	
	2.7 米	3.0 米	3.6 米	
长节海竿（收缩长度大于 100 厘米）	3.6 米	3.9 米	4.25 米	4.5 米
池塘、小型水域和休闲钓（短节投竿）	1.8 米	2.1 米	2.4 米	2.7 米	3.0 米
水库、湖泊和大海（长节投竿）	3.6 米	3.9 米	4.25 米	4.5 米

海竿主要可钓的鱼类

鲢鱼

草鱼

鲤鱼

短节海竿

收缩长度小于 75 厘米的短节海竿。有 1.8 米、2.1 米、2.4 米、2.7 米、3.0 米、3.6 米的规格。适用于池塘、小型水域垂钓或休闲垂钓。

长节海竿

收缩长度大于 100 厘米，规格有 3.6 米、3.9 米、4.25 米、4.5 米。适用于在水库、湖泊、大海钓鱼。

船钓竿

适用于船钓。由于竿的导环用不易被氧化的金属制成，故环孔较大。船钓竿有深海钓法和近海钓法两个种类的钓竿，一般长 1.8~2.7 米。适用于海钓，可对抗大型鱼类。

岩矶竿

具有超敏锐的调子，应对强大风浪有着优异的性能；灵敏又充满张力的竿梢在海浪中不会因浮漂的重量而摆动，上鱼时弧度弯曲柔美，使用顺手；手感轻盈，调性灵动，竿身强劲有力，能抵抗较大的多向拉力。岩矶竿属于轻量型钓竿，操竿轻盈，久持不累。

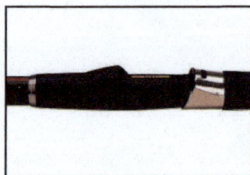

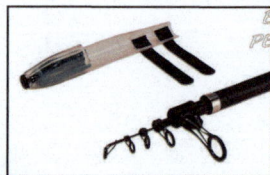

滩钓竿

适用于滩钓，竿身比较硬。卷线器的型号比较大，主要注重抛投，线以喇叭线为主。沙滩远投有专门的滩投装备，适用于滩钓各种鱼类。

海竿与手竿的对比分析

根据垂钓环境的不同，对鱼竿的选择也是多样的。我们必须先了解每种竿的特点和优势，才便于选择适合垂钓环境的

鱼竿。相对于手竿，海竿的优势具体体现在哪里？下面就简单介绍一下。

海竿	手竿
投得远，适合钓大鱼。	甩竿较近，适合钓中、小型鱼。
多用"炸弹钩"，有持续诱鱼的效果。	多用普通饵，单饵单钓。
有绕线轮，使鱼难以挣断钓线。	钓大鱼时，容易被大鱼扯断钓线。
不怕风浪干扰。	大风浪时，手竿难以发挥作用。
只需听铃响提竿即可。	需要一直盯着浮漂。
可日钓，更适合夜钓。	适合日钓，夜钓需要灯光。

❸ 矶钓竿

又称矶竿，主要用于海上浮游矶钓，是近年来比较活跃、比较流行的钓法。这种鱼竿适合在近海边的礁石或断崖上使用。竿身细长，主要以浮波作钓。对于新手来说，浮波的鱼汛较难掌握。矶竿的种类较多，不但有长短之分，还有软硬之分。在钓大鱼的时候，可通过放线起到缓冲和省力的作用，不会导致鱼竿发生断线和大鱼逃脱的现象，所以矶钓竿越来越受广大钓友的喜爱。

矶竿的长度

常用规格： 　3.6 米　　4.5 米　　5.4 米　　6.3 米

矶竿的分类

中通导眼矶竿

指的是鱼线从竿管中部穿出。这种竿的优点是不容易缠线，钓重比较大。缺点是穿线不方便，需要借助钢丝。

外导眼矶竿

指的是以导环的形式穿线。导环目前有方导环和圆导环两种。穿线容易是它的优势。

矶竿主要可钓的鱼类

竹荚鱼

加吉鱼

带鱼

海鲫鱼

中通竿

竿头开口中间空,主要适用于浮游矶钓。此竿的好处是防风,不怕导环缠丝,便于抛投及收线,敏感度高,力度强,通常长度为 4.5 米、5.3 米,重量比较大。

轻矶竿

竿体轻盈。材质非常轻,强度比较高,竿体不沾水、不沾线、结实,抗腐蚀性好,手感也比较好,抛竿且搏击鱼类较为轻松。适用于钓小型鱼类。

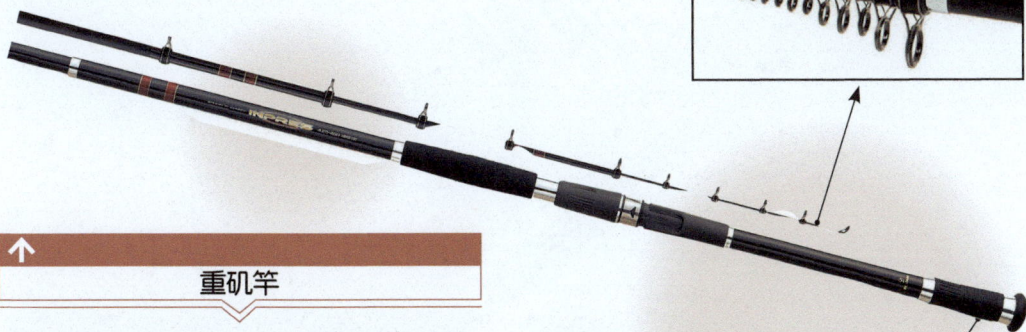

重矶竿

竿体过硬,承受力大。体弱者不宜使用。重矶竿材质较硬,强度和力度比较大,不易缠线,抗重力比较好,防腐蚀,防暴晒,适用于钓体积庞大的鱼类。

→ 前打竿

海钓竿的一种，为可调式定位竿，有多种长度可供选择，能满足垂钓者对不同水域、不同垂钓地点的多种需求。其竿不用导环就能直接反映鱼的咬饵情况。

← 手海两用竿

即矶竿，我国称其为"手海两用竿"，兼具手竿、海竿的功能。淡水钓中可像手竿一样使鱼轮放出等竿长的鱼线进行操作，上大鱼时鱼轮可放线遛鱼，防止断竿、断线。

路亚竿

又称假饵竿，专门为投假饵而准备，竿身轻巧。分为插节式和独节式两种连接方式，使用水域分海水和淡水。海钓用岸钓鲈鱼竿、矶钓用路亚竿等钓竿；淡水钓鱼用淡水鲈鱼竿等钓竿。

筏竿

在渔排或竹（木）筏上的专用竿，专门对付精口鱼。竿梢灵敏且非常细，连接方式有正插式和混合式两种，竿梢大多为插节式。此竿适合需要快速起鱼的场合。

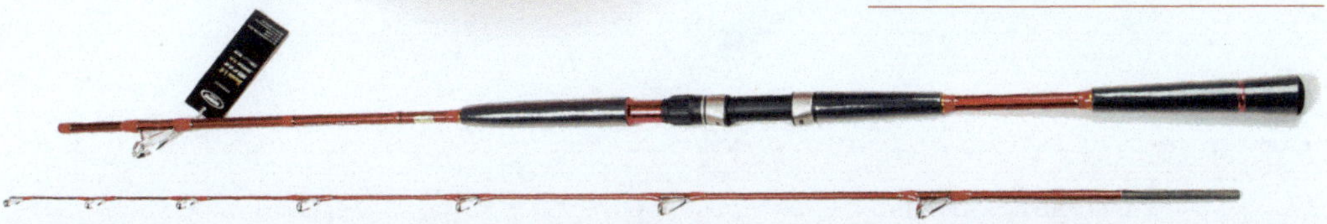

船竿

用于船钓，钓法分深海钓法和近海钓法两种，竿长 1.8~2.7 米，连接方式分两节插式和独节插式两种。主要用于我国南海船钓，专钓旗鱼及大形鱼类，力度超强且价格昂贵。

按收藏方式分

❶ 插接式鱼竿

又称"并继式鱼竿"，是由数节竿体相互插接而组成一个整体的鱼竿。插接式鱼竿主要在欧美国家比较流行。相对高级的鲫鱼鱼竿也多采用插接方式组合。

这种鱼竿的特点是接口处严密，鱼竿受力后的整体性能好，所以价格也相比其他鱼竿贵一些。

↓
空心插接式鱼竿

空心插接式鱼竿，竿体可分别装入底节和第二节的竿体内。优点是携带方便，坚实，接口处严密紧实，可以有效避免出现鱼竿头重现象，强度高，竿体轻，先径的粗细决定了承重强度的高低。

↑
实心插接式鱼竿

实心插接式鱼竿竿尾钓力大，竿体都是较硬的类型，承重力大，强度高，竿尾抗弯性能较好，手感好，接口处严密，自重力适中，适合垂钓者钓各类小、中型鱼类。

❷ 抽拉式鱼竿

又称"天线式鱼竿"、"振出式鱼竿"。这种鱼竿多为空心竿，可将数节鱼竿收缩藏于底柄的竿管内部。这种鱼竿的优点在于体积小巧、便于携带，但结实程度远远不敌插接式鱼竿。

↑
空心抽拉式鱼竿

空心抽拉式鱼竿可将数节钓竿收缩藏于底柄的竿管内，优点是体积较小，便于携带，但坚实性往往不如插接式钓竿。强度小，自重轻，先径的粗细决定了承重强度的高低。

↑
实心抽拉式鱼竿

实心抽拉式鱼竿竿尾钓力大，杆体较硬，方便抽拉携带，自重力较好、强度高，竿尾抗弯性能较好，手感好，接口处可抽出；结实性不如插接式鱼竿，力度较小，承重力较为适中，适合垂钓者钓各种鱼类。

鱼竿的选择

了解鱼竿上的指标

我们在选择鱼竿的时候，需要根据垂钓的水域、鱼类和方法来选择鱼竿，并根据实际的情况来决定竿体的软硬和长短。下面我们来介绍一下选择鱼竿时用到的鱼竿术语和选竿标准。

全长： 表示这个鱼竿在完全抽出或插接后的实际总长度。

继数： 表示节数，指的是这个鱼竿是由多少节组成的。

仕舞寸法： 又名"收缩长"，指的是这个鱼竿收缩后的长度。

自重： 指的是这个鱼竿本身的重量。

锤负荷： 指的是海竿或矶竿使用铅坠的适用范围。

先径： 指的是这个鱼竿竿梢最细部分的直径。

元径： 指的是这个鱼竿竿尾最粗部分的直径。

使用材料： 指的是竿身所使用的主要材料。

含碳量： 多用百分比表示，指的是碳纤维在纤维总量中所占的比例。

净钓量： 指的是距钓竿粗端 30~50 厘米处固定水平放置时，在细端加相应的负重。细端与粗端水平夹角大于 90 度时，静止 5 秒所得的负重数。

调性： 用"极硬钓"、"超硬钓"、"硬钓"等来表示整个鱼竿的调性。先调、本调、胴调多见于并继鱼竿，其调性由软至硬的顺序是胴调、本调、先调。

HVF： 指的是高密度碳素制法，有效减少鱼竿中的树脂量，提高了强度和弹性。

SVF： 指的是超高密度碳素制法，比 HVF 更进一步减少了树脂量的碳素制法。

选竿时，需要注意这些

❶ 选择手竿时的注意事项

首先，将鱼竿从细尖开始，一节一节地拉出来或插接起来，然后观察前接口处是否吻合良好，是否有裂口。再观察鱼竿的外观，查看油漆是否有外伤，导线环是否有松动，以及瓷环是否有损坏。

待鱼竿拉出后，在未受力的情况下，将竿体旋转后查看竿节有无明显的死弯。轻轻地抖动一下鱼竿，感受竿节之间是否有"咯咯"的响声，若有，则说明竿节后锥小，接口之间不够吻合。

在手竿竿尖的顶端系上一段鱼线，鱼线上系上一定的重物，再将竿慢慢提起，使重物悬空，观察竿体弯曲的弧度是否自然、竿体受力是否均匀、调性如何。竿尖下垂得越多，证明竿子越软。再将竿体缓缓旋转，看竿体是否异常，若整个竿体受力均匀、没有异变，则说明整个鱼竿的性能良好。

最后手握鱼竿，掂量一下鱼竿的实际重量，感受一下鱼竿是否轻盈，抛竿时是否顺畅，手把握起来是否舒适。再次抖动鱼竿，观察鱼竿在抖动时的波形状态，我们可以通过抖动来检查出调性的软硬弹力情况和力的传递等各方面性能。

打开振出竿的后盖，看竿节后锥部分的竿壁薄厚是否均匀。国内生产的鱼竿的竿壁都会厚薄不均，这是由于鱼竿是将碳纤维用薄膜状的树脂卷在铁芯轴上，然后经过热处理后形成卷状而制成的，所以在开始卷的部分和结束时的部分会出现重叠，造成竿壁厚薄不均匀。国外的鱼竿多以微米为单位进行高精密度设计，成功地采用超级卷布技术，一次成形，杜绝重叠，实现了超量化和调性的稳定化。

选择鱼竿时，在细节方面也要多加留意。比如竿堵不能太松，尤其是橡胶或是塑料的竿堵。再查看蛇口绳（竿梢上的小绳子，多是红色）是否结实，与竿尖的结合是否牢固。鱼竿买回来后，最好在蛇口绳与竿尖的接口处以及竿尖外 5 毫米长的蛇口绳区域粘上一些胶水，固定住接口处。观察失手环会不会生锈、螺纹是否均匀，以及旋上时是否有扎手的感觉。

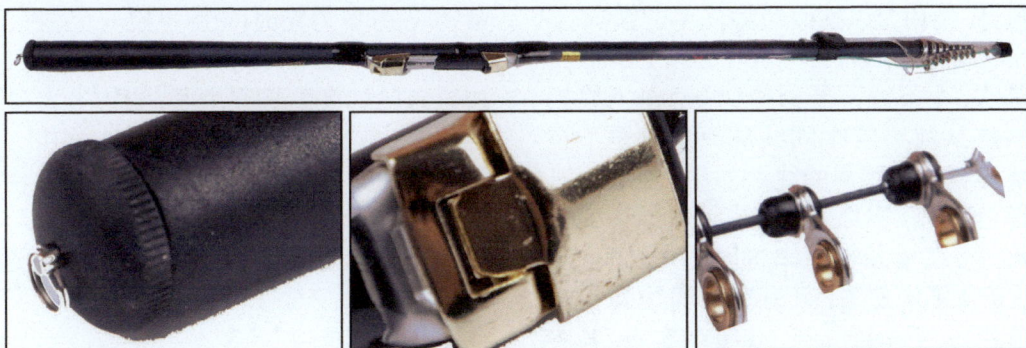

❷ 选择海竿时的注意事项

一看鱼竿在受力时，整个竿身的受力是否均匀。如果受力均匀，则是好竿，如果竿身出现明显的弯曲，最好及时选择一款好的鱼竿，避免在垂钓时由于拉力过大导致断竿现象。

二看鱼竿的过线环内是否光滑，有无毛刺。如果不够光滑，会造成收线时受阻，可能会放走大鱼；如果有毛刺，会造成在收竿时刺伤鱼线，导致鱼线断裂。

三看鱼竿的手柄处手感是否柔软，手柄是否坚固。如果不够坚固，会导致在钓到大鱼时或抛线用力过大时竿柄突然折断，进而使双手受伤。

四看安置放线器的卡口是否牢固，是否有松动的现象，是否能与鱼竿合为一体。如果卡口牢固，与鱼竿合为一体，那么就是好的鱼竿。

❸ 海竿使用时的注意事项

首先，抛竿时别忘了打开线档开头。这个问题虽小，但也是钓友们时常会发生的情况，所以要多加注意，尤其是在参加钓鱼比赛时，经常会出现由于线档未打开，再用力过猛而断线伤竿的情况。

其次，垂下线不要留得过长。垂下线指的是从海竿竿梢固线环算起到垂下至炸弹钩折断距离的线。这段线主要由三部分组成：主线、串钩线和炸弹钩的连接线。在单独使用串钩时，下垂线一般在 30 厘米左右，只有串钩和炸弹钩一起用时，下垂线会在 40 厘米左右，其中串钩都是有 8~10 个。

最后，要注意鱼轮的曳力不要拧得太紧。在海钓前，一定要检查鱼线轮曳力的松紧情况，拧曳力轮时，先用手拉一下主线，轮子如果能顺滑转动并出线就可以了。如果鱼轮的曳力拧得太紧，当钓上大鱼的时候，鱼竿就很有可能被拖入水中。如果鱼轮的曳力拧得松紧刚好，那么就算有大鱼上钩时，即使我们来不及提竿，钓线也能自动出线，有效避免了没必要的损失。

鱼竿的保养

❶ 经过暴晒后

在竹竿、手竿和海竿中，竹竿是最怕太阳暴晒的。如果收竿的时候没注意，直接把竹竿给捂了，那么下次使用时你会发现竹竿可能被腐蚀，并且多多少少会有些霉菌，同时失去水分过多，竹竿失去弹性，造成垂钓时随时可能出现因弹力不均造成竿身折断的现象。

鱼竿暴晒后，正确的处理方法为：当鱼竿使用后，应该先用温度为 50℃左右的湿毛巾轻轻地来回擦拭鱼竿，这种做法被称为"补水"。待擦拭 5 分钟后，晾 20 分钟，然后再用一块绒布抹上一点车蜡，再继续擦拭整个鱼竿，这种做法被称为"上蜡"。擦拭完后，只要将鱼竿晾一宿再收起来即可。

❷ 下雨浸湿后

虽然在淋湿鱼竿后我们会拿干布擦拭，但第二天使用时还是会出现鱼竿摸起来潮潮的感觉。如果经常这样，不仅鱼竿表面的光洁度会降低，而且鱼竿还会被腐蚀。时间长了，在鱼竿受力时会出现断竿的现象。

遇到这样的情况，我们在拿干布擦拭的时候，要把鱼竿打开，一节一节地擦拭，然后放在通风处晾一宿再收起来，如果有条件上点车蜡再晾干，效果更好。这样做会延长鱼竿的使用寿命，杜绝因保养不当而引起的断竿现象。

❸ 每年开春时

在每年开春的时候，最好把鱼竿拿出来晾一下，再把鱼竿一节一节地打开，用鹿皮或麂皮布擦掉上面的浮土。然后再打上一层车蜡，用以保持鱼竿的光洁度和亮度。

上完蜡的鱼竿要放在阳光直射不到的阴凉处保存。保存鱼竿的地方温度不要过高，夏季在 30 摄氏度以下即可，冬季在 18~20 摄氏度之间即可。

❹ 冬季不钓鱼时

在冬季，除了有的钓友喜欢冬钓外，大多数不垂钓的钓友需要把鱼竿养护好。如果是碳素竿，在不垂钓时则需把鱼竿晾干，然后最好放在买鱼竿时装鱼竿的盒子里，温度保持在 20~25 摄氏度，湿度不大于 60% 即可。如果没有盒子，就把鱼竿收藏在布套里；布套一定要包裹住鱼竿，然后再收藏。鱼竿在收藏时，一定要竖放，不要横放，横放容易导致鱼竿变形。

❺ 鱼竿的保存环境也很重要

如果不小心选择了潮湿的环境保存鱼竿，直接会造成竿身掉漆，更严重的则会造成竿身起泡，还会导致配件生锈，使导眼、轮座、尾栓等失去作用，整个鱼竿无法再使用。

针对这种情况，我们要在用完鱼竿后将鱼竿放到通风的位置晾干，一定要用干布擦干，晾干一宿后再收竿。

❻ 不要将鱼竿当成装饰品

有的钓友喜欢在钓完鱼后把鱼竿一根根地接好后挂在墙上，觉得方便晾干又美观。其实这样做很不好，不仅鱼竿会落上灰尘，而且更容易变形、老化，尤其是碳素竿。变形老化后的鱼竿无法再使用，就算勉强使用也容易造成鱼竿的断裂，甚至影响到垂钓者的自身安全。

遇到这种情况，我们最好及时把鱼竿晾干后放到避光的地方储藏，这样做能有效延长鱼竿的寿命。

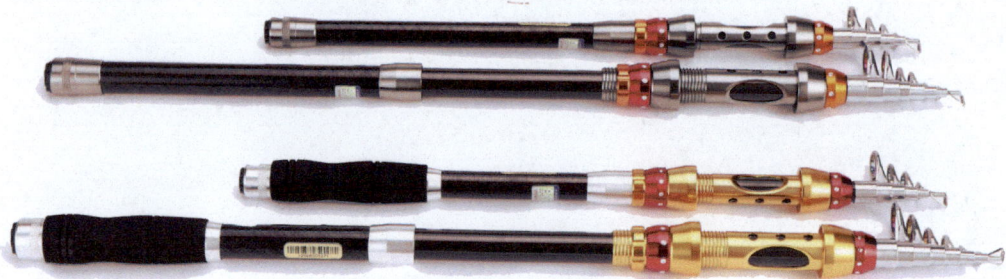

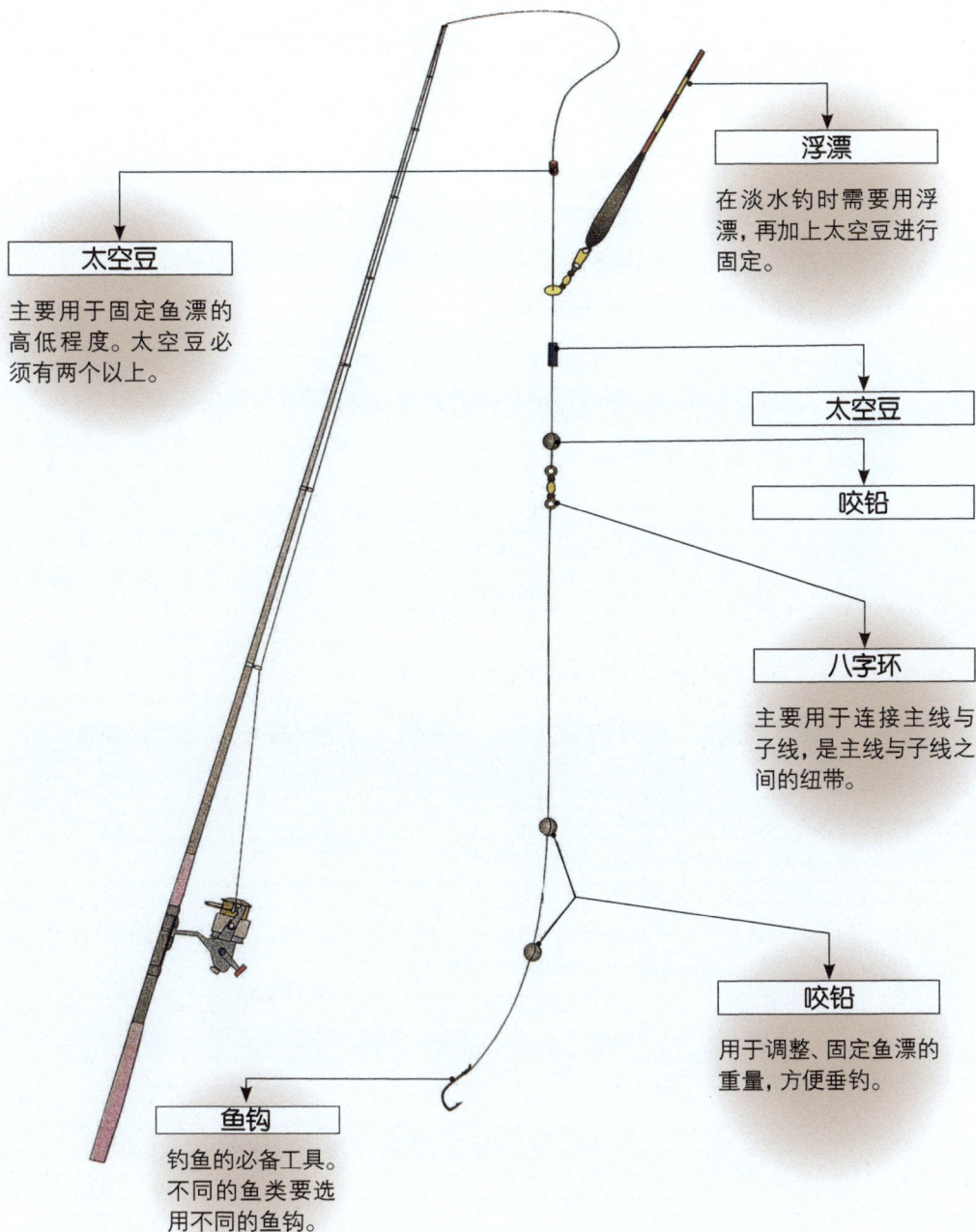

[鱼线]

鱼线在整个垂钓过程中起着至关重要的作用。鱼线选择得好坏直接影响到能否钓到合适的鱼类。

鱼线的组成

太空豆

主要用于固定鱼漂的高低程度。太空豆必须有两个以上。

浮漂

在淡水钓时需要用浮漂，再加上太空豆进行固定。

太空豆

咬铅

八字环

主要用于连接主线与子线，是主线与子线之间的纽带。

咬铅

用于调整、固定鱼漂的重量，方便垂钓。

鱼钩

钓鱼的必备工具。不同的鱼类要选用不同的鱼钩。

鱼线的叫法

主线 + 子线 + 浮漂 = **线组**

主线 + 子线 + 浮漂 + 鱼竿 = **钓组**

主线 + 子线 = **鱼线**

主线: 又称母线、大线,指的是从竿身到连接环的钓线部分。主线与子线通过八字环进行连接。一般子线细,主线粗,主线号数高于子线一倍,这样才会提高线组的灵敏度。

子线: 又称脑线、细线,指的是绑鱼钩的那部分细线。子线与主线是通过八字环进行连接的。

鱼线号对应表

号数	直径(厘米)	拉力(千克)	号数	直径(厘米)	拉力(千克)
1	0.162	1.6	8	0.472	13.61
1.5	0.202	2.45	10	0.522	16.65
2	0.234	3.34	12	0.571	19.92
3	0.284	4.92	14	0.616	23.18
4	0.329	6.56	16	0.658	26.45
5	0.368	8.27	18	0.698	29.77
6	0.403	11.29	20	0.736	33.10
7	0.435	11.56	22	0.772	36.42

鱼线的种类

← 尼龙线

采用尼龙原料，加温抽丝制作而成。无色透明，拉力强，弹性好，切水快，垂钓灵敏度高。耐用，持久，柔软，冬天不易硬脆，垂直性能好，因此尼龙线在市场上占有主导地位。

→ 碳素线

一种添加了碳素材料的高分子尼龙线，是单股线。因为添加了碳材质，所以它比较硬，其密度大于水，具有低延展性、记忆性，切水快，耐磨性好，表面坚硬，可抵抗岩石和尖锐牙齿等的摩擦。耐用，持久，具有高抗压性和防紫外线性能。比重较重，适用于矶钓作为子线。此外，市场上所卖的碳素线良莠不齐，购买时应注意辨别。

编织线

即布线、火线、大力马线、PE 线，由多股编织而成，拉力值较好。耐磨性比较好，深受船钓者和投钓者的欢迎。制造过程中每股细线上加入了覆膜，以防止吸水。切水性好。但它的受损部分容易形成毛球状，易断裂，质地较硬。

陶瓷线

陶瓷线是高强力钓鱼线中的一种，是近年来日本（桑莱印）株式会社新开发的钓鱼线。它主要采用高分子聚合材料，线体加了特种树脂以增强钓线的耐磨性，提高了线的抗水性，具有良好的抗拉强度和耐磨性，结节破坏率很低。陶瓷线具有一般钓线所不具备的防止钓线入水后水体对线的浸蚀，可提高鱼汛时反馈的灵敏性，人们称它为"陶瓷线"。

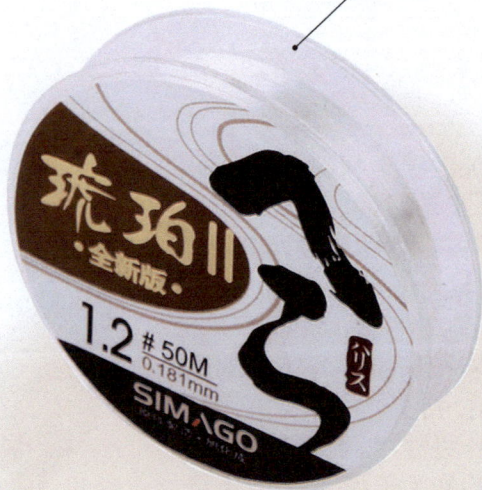

碳氟涂层线

一种新型的尼龙线。保证拉力和结节强度的最大值，吸水率基本为零。碳氟涂层隔绝了水对尼龙线的浸入，进一步保证了线在水中的拉力和强度。表面光洁度的提高，加快了线的切水速度，比重没有发生变化，但切水速度却快了许多。它的光滑、柔软也给垂钓带来一种舒服感。选购时可采用火烧的鉴别方法，烧后的碳氟尼龙线既有碳化物也有熔化物，而烧后的尼龙线只有熔化物。

超强 PE 纤维钓鱼线

以超强 PE 纤维为原料，线体表面加入了润滑因子，改进了鱼线表面的涂层，使鱼线经久耐用，颜色持久，防止磨损和褪色。减少缠结，打结更方便。具有抗磨损、不会切断导线、性能持久、线径细等特点，适合用作钓鱼线、风筝线、滑水牵引绳等。

↑
合成线

合成线是在尼龙线的制作过程中，成品加入其他的材料，使线可以漂浮于水上或悬浮在水中。适合用作矶钓的半浮水线、包含有油性物质的全浮水线以及树脂加工添加抗拉物质的投线等。

鱼线的选择

鱼线的选择技巧

目测： 拿着鱼线对着阳光或灯光，观察鱼线表面的光洁度、透明度是否统一。如果表面不亮且浑浊，说明鱼线是旧线，最好不要选择。

手测： 取出一段鱼线，双手握住两端，用力拉扯。如果不易断裂，则说明是好线；相反则是坏线，最好不要选择。

尺测： 取出卡尺测量鱼线的直径是否标准，或用弹簧秤测试鱼线的拉力。

根据不同的鱼类选择适合的鱼线。在挑选鱼线时,我们首先应确定要钓的鱼类、鱼的大小、水域的情况、鱼竿的类型以及其他因素,然后再确定需要什么样的鱼线。此外还要确定鱼线的强度、韧度、抗磨损性、延展性、弹性、线结强度、切水性、可见度和耐久性。

一般品牌鱼线的号数和线径基本是相符的,只有杂牌鱼线才会出现漂号与线径误差较大的情况。在选择时,为弄清鱼线的实际线径,我们通常需要一些仪器来辅助选择。例如,测量时可以用千分尺,其精确度可达 0.01 毫米。在确定线径后,我们可以用记号笔在线盘上标记出测量后的数值,方便快速准确地找到适合自己的鱼线。

根据实际情况选择鱼线

在湖、江、河、水库等大型水域垂钓

选择线径较粗的鱼线。

在养鱼池、有人工养殖鲫鱼的水域垂钓

选择 1 号鱼线。

在有野生鲫鱼的水域垂钓

选择 0.8~1.2 号鱼线。

在有猾鱼（猾口鱼）的水域垂钓

选择越细的鱼线越好。

在静态水域垂钓

选择细线垂钓。

在动态水域垂钓

选择粗线垂钓。

根据鱼的大小来选择

钓大鱼用粗线,钓小鱼用细线。

手竿钓线的选择

① 选择同品牌的鱼线

不同品牌的鱼线有不同的优势。大多数有经验的钓友都会选择同一品牌的不同号数的鱼线，而不是同一号数的鱼线购买两个品牌。

一般"强攻"和"久战"型的鱼线，从大号到小号都是根据国内钓友的垂钓习惯研制而成的。例如"强攻"型的0.1~0.25号的鱼线，是一种略偏硬的鱼线，在钓小型鱼或快鱼的时候具有不易缠绕的优势。同时因为这样的鱼线是细线，所以即使在冬钓的时候使用也不会影响系鱼钩。又比如，"强攻"型最大号的主线是3.0号的鱼线，这种鱼线会比其他品牌的主线软一些，所以这种鱼线具有沉水快等优势。

② 根据钓法选择鱼线

用手竿时，通常情况下细线主要用于竞技钓、钓鲫鱼类的小鱼或特别狡猾的大鱼；粗线主要用于休闲钓或与竞技钓混用。换言之，竞技钓和休闲钓的鱼线是由鱼线号数的大小来决定的。

矶竿钓线的选择

❶ 看柔软度

鱼线从绕线轮绕出去的时候是呈螺旋形的,鱼线在被离心力甩到远方的时候,由于鱼线本身存在弹性,会产生一段回弹,所以在选择矶竿的鱼线时,要选择比较柔软的、弹性大的鱼线。

❷ 看线径

因为矶竿的特性,需要凭借离心力将钓组送入钩位,离心力的产生要利用铅皮和鱼饵的重量,所以线越细就会甩得越远。通常直径在 0.3 毫米以上的鱼线会与鱼竿摩擦发出异响,而直径在 0.235 毫米以下的鱼线,其拉力又太低,所以我们最好选用 0.235 毫米 ~0.285 毫米之间的鱼线。

❸ 看比重

为矶竿选择鱼线时,应该选择比重 1 以上的鱼线,最小也要选择比重在 1.0 的鱼线,否则鱼线会漂浮在水面上。在我们垂钓时,经常会出现这种情况:当鱼钩脱离钓位时,漂在水面的鱼线会减慢鱼钩刺入鱼嘴的速度。

路亚竿钓线的选择

❶ 尼龙线

最适合路亚竿的鱼线非尼龙线莫属。一是因为尼龙线的价格比较经济实惠,适合大多数钓友,二是在垂钓时,鱼儿上钩都是发生在收线过程中,突然警觉的鱼汛需要大力引拨,因此更需要结实的尼龙线。只有尼龙线才能对钓组直接产生冲击力,使鱼不容易脱钩。

❷ PE 纤维线

在用路亚竿的时候,为了应对目标对象鱼对鱼线有更猛烈的拉力的情况,我们通常会选择 PE 纤维线。PE 纤维线具有结构紧实、对鱼汛传导灵敏等特性,所以深受许多钓鱼高手的青睐。若将整个钓组都以 PE 纤维线进行配置,能做到更精确地掌握水中的鱼汛,从而增加捕获量。

❸ 碳纤维线

碳纤维线是比较大众化的选择,使用范围广,价格也公道。碳纤维线不仅能避免钓组前端的磨损,更能抵御某些海鱼尖锐牙齿的啃咬。它有利于张线和钓组的开展,多用于子线部分。

鱼线和鱼钩的绑法

①

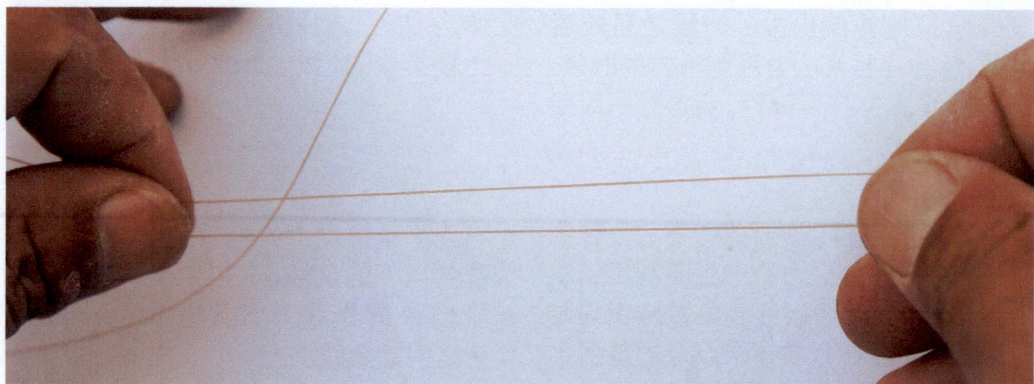

拿出长短合适的主线。

②

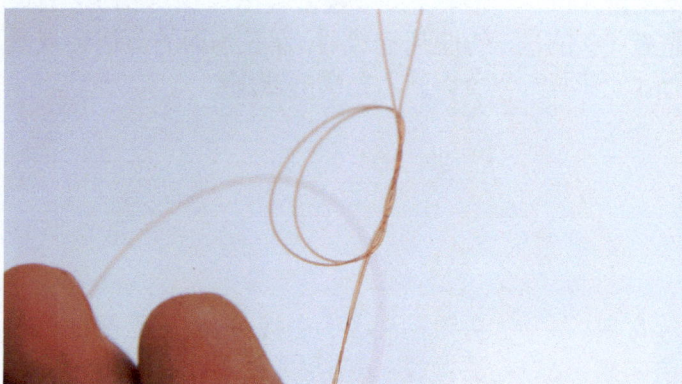

将主线的一端对折，打一个结扣。

③

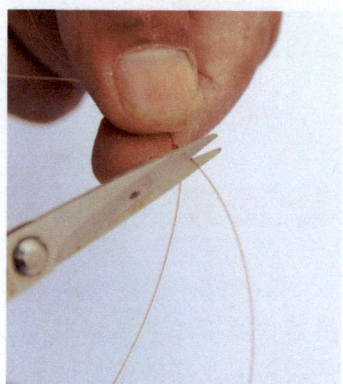

将打结后的一根分线剪掉。

④

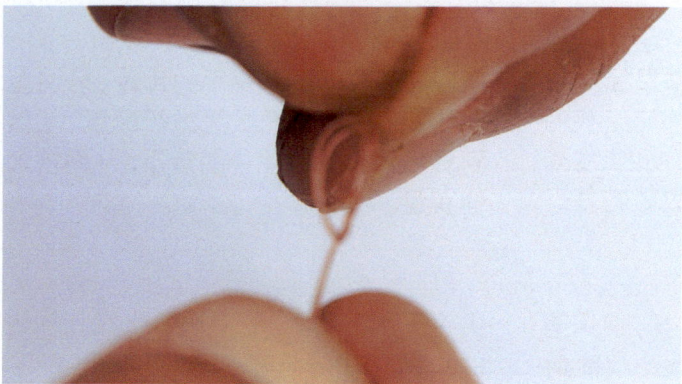

在现有结扣的上面，再打一个结扣。

⑤

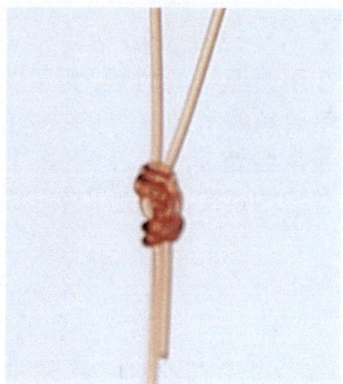

主线打结完成。

6

拿出太空豆，将其和主线进行连接。

7

拿出漂座和铅皮座备用。

8

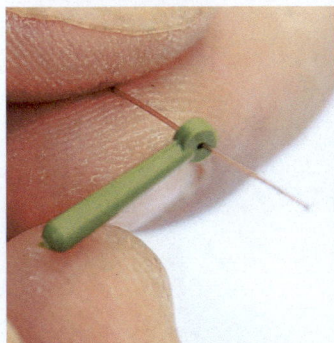

将主线和漂座连接起来。

9

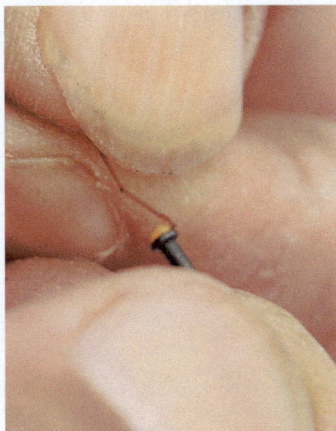

再将主线穿入铅皮座的孔洞中。

10

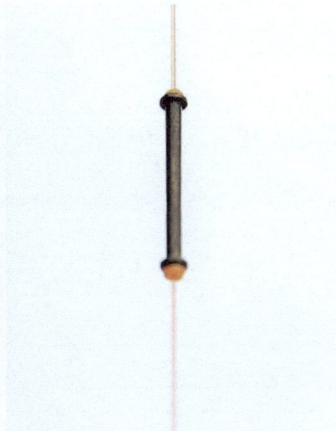

这就是连接后的主线与铅皮座。

11

拿出连接器，将主线的一端穿入连接器的孔洞中。

12

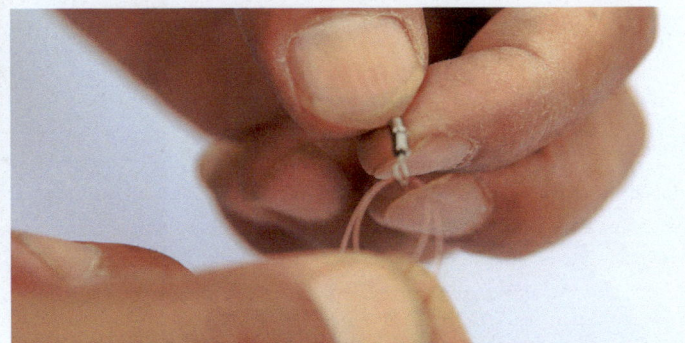

用同一端的主线再次穿入连接器的孔洞处。

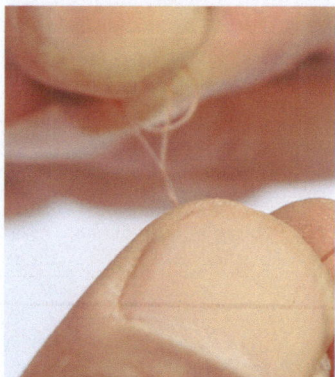

将主线打结，使主线与连
接器连接。

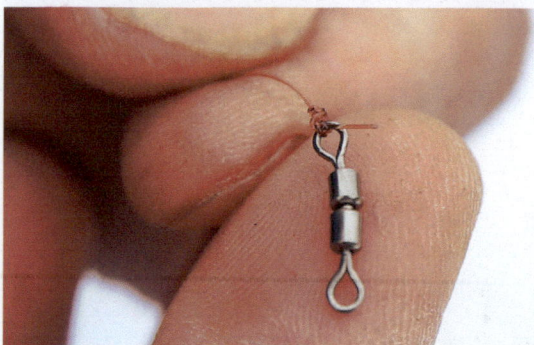

连接完成。

根据铅皮座的大小，剪下同样长度的铅皮。可以先比
对一下面积的大小，再进行裁剪。

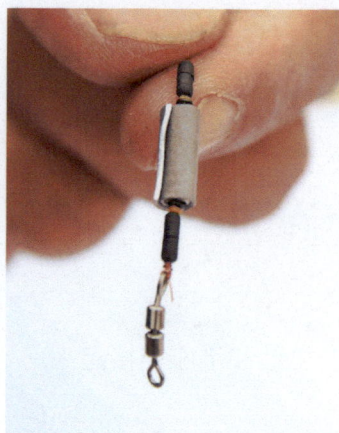

将铅皮包裹在铅皮座上。

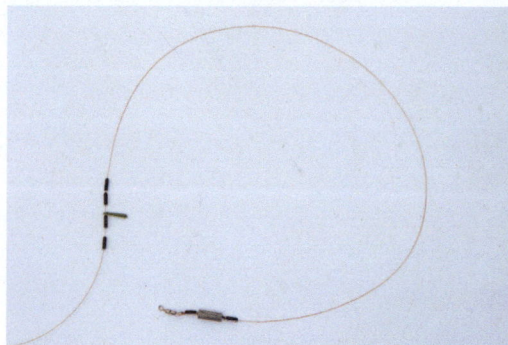

主线绑扎完成。

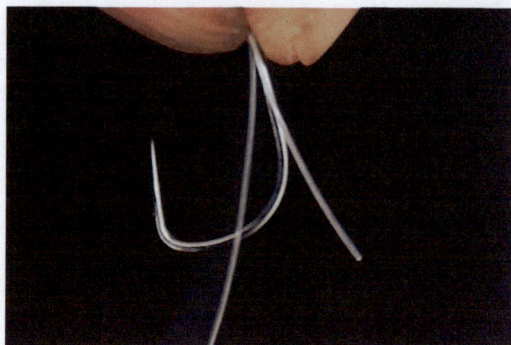

拿出钩子和子线，将线超出钩子 3 ~ 4
厘米的地方压住。

⑲

右手将子线的另一端拿起，将压住的子线与钩子紧紧缠在一起，绕3～8圈，打个死结固定。

⑳

用同样的方法，将子线的另一端也拴上一只钩子。

㉑

在子线的中间打个结，整套钩组捆绑完毕。

㉒

将子线的打结端穿入主线的连接器中。

㉓

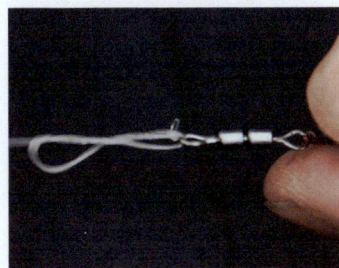

用"8"字环将子线和主线进行连接。

㉔

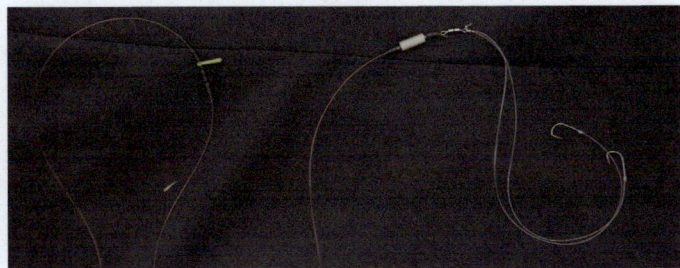

至此，鱼钩和鱼线的绑扎工作完成。

鱼线和鱼竿的绑法

①

将主线打好结的一端制成一个活扣。

②

将钓竿的前梢系线头打结，用主线的活扣套住钓竿前梢的系线头。

③

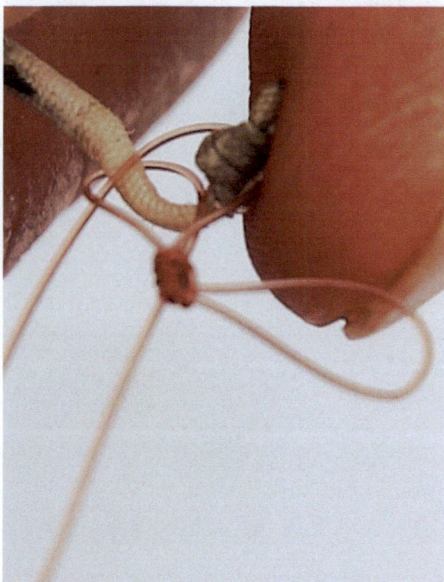

用左手食指压住钓竿前梢系线处，防止主线脱落。

④

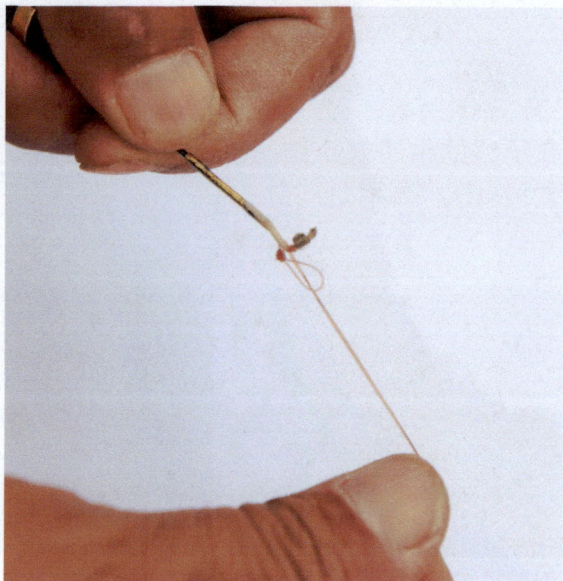

左手拽住钓竿前端，右手向后将活扣拉死。

⑤

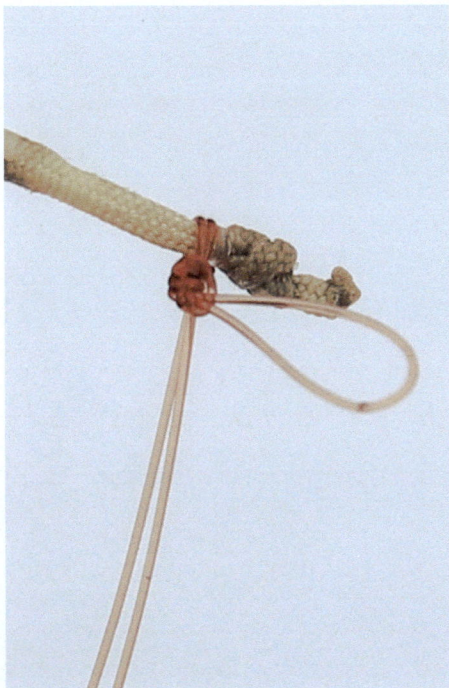

绑制完成。

⑥

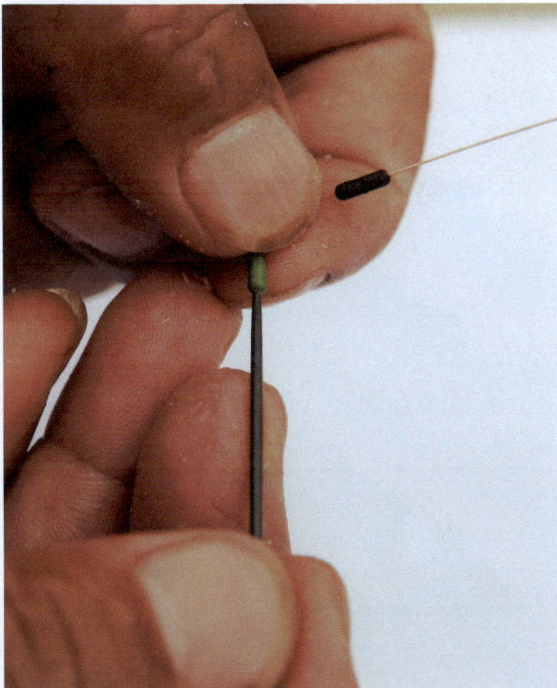

拿出浮漂，将浮漂插入漂座中。

⑦

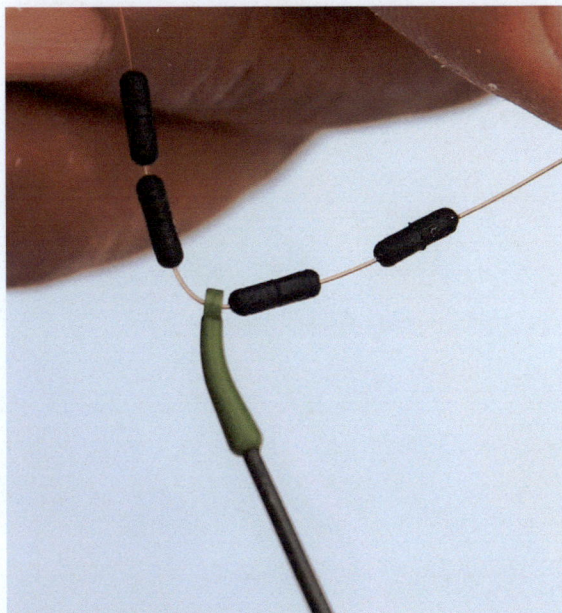

适当移动浮漂，确定牢固性。

⑧

制作完成。

鱼线的保养

鱼线的保养需要注意这些

及时擦拭鱼线

由于不同垂钓水域的水的成分较为复杂，水渍容易腐蚀鱼线，所以在每次垂钓后，需要将沾在鱼线上的水渍用质地柔软的干布擦拭干净。

缠绕鱼线

将鱼线擦拭干净后，把鱼线轻轻地缠在绕线盘上，在缠绕的过程中尽量让鱼线保持松弛，不要紧绷。

绕线器的选择

绕线器最好选择圆形的绕线器。方形绕线器的四边都有直角，鱼线长时间缠绕在上面会造成弯曲点强度下降，而且鱼线还会带有棱角。

鱼线需要避光保存

鱼线应该储藏在干燥、无光、无污染的地方。避光保存鱼线是延长鱼线寿命的最有效的方法，可以有效防止鱼线的老化。

减少鱼线之间的摩擦

在垂钓时，要尽量将缠有钓线的绕线器与其他杂物分开放置，避免鱼线被刮伤。更需要注意的是，一定不要与油脂放在一块。在移动太空豆的时候，最好在有水的状态下进行。

鱼线颜色的变化

若发现鱼线的颜色出现改变，有褪色、发黄或者变脆等迹象，表明钓线已经开始老化，此时应及时更换新的钓线，以免垂钓时突然断线。

[鱼轮]

鱼轮也叫鱼线轮,是固定在海竿手柄前方的钓具,是构成海竿钓组的主要部分。

鱼轮的组成

线挡

线路出线的开关,一般竖起来表示"开",放平表示"关"。

轮脚

连接海竿的钓竿,有统一的规格。一个线轮可以用在多个鱼竿上。

曳力调整钮

调用于整线轮曳力的大小,是海竿钓大鱼的利器。

逆止钮

线夹

用来固定线轮上的线头。

线槽

用来储存鱼线,大小用容线量来表示。

摇柄

主要用来转动线轮。

鱼轮的种类

→ **纺车型线轮**

又称旋压式，是较普遍的一种鱼轮，深受抛竿钓爱好者的喜爱，优点是轻巧灵活、结构简单、使用方便。缺点是操作使用不当时容易炸线。适用于江河、湖泊、水库等自然水域钓淡水鱼。

← **海钓轮**

是海钓浮游矶钓的专用轮，根据鲷鱼的生活习性和方便垂钓者而设计。海钓轮由普通的纺车式鱼轮进化而来，钓中鱼时，一只手就可控制出线量和出线速度，深受海钓爱好者的喜爱。

水滴轮

水滴轮属于卧轮的一种，主要用于路亚钓。相比纺车轮，水滴轮抛投的精确度更高，体积小，出线时容易控制。缺点是抛投不易掌握，易炸线。一般专业级的钓手使用水滴轮的比较多。

鼓型线轮

用途广泛，性能优良。轮的轴心两侧均装有轴承，两侧固定有轴心盘，类似鼓形。轮上装有精巧的平行缠线器，数显装置，为钓饵提供入水的深度。船钓时以船上的动力电为电源，驱动绕线轮自动收线。

↑
鼓式轴承线轮

由侧板、止转竿、卷线槽、摇臂、平衡重锤、轮脚等部件组成。鱼轮大，收线速度快，性能较好，结构简单，使用方便。体积大、重量大、抛投距离短是它的缺点。一般只作为深度海域船钓和矶钓使用。

→
封闭式线轮

由摇臂止转押键、摇把卷轴盖、出线孔等部件组成。如果使用不当就会出现乱线。卷线槽口是密封的，避免伤线和乱线。靠押键出线，一触压即可出线，易学易用。只适合在水面较小的环境中使用，以钓取个体较小的鱼类。

双轴鼓式线轮

又称胴突卷线器。双轴承和卷线槽直径大是它的优势，收线阻力小，速度快。用于配合海钓用重型抛竿使用，主钓的鱼类为一些个体较大、挣扎能力较强的海水鱼类。

叉式齿型线轮

由手轮、土轮、轴杆、卷线槽、叉形轮叶、螺帽、螺栓等部件组成。结构简单，大多采用玻钢、竹木、胶木和金属材料制成，装配在在实心插接式玻璃钢抛竿上。适用于湖泊、水库等较大的水域，适合垂钓者钓取个体较大的鱼类。

电子线轮

电子线轮是一种带有电子显示、为海钓专用的线轮。钓饵抛入海底，线轮可准确地显示出海水的深度和所抛出的钓线的长度，适合于海钓。

鱼轮的选择

不同鱼轮的优势

纺车轮的优势

纺车轮适合抛轻饵和远投，而且抛投难度低。纺车轮结构简单，便于操作，后期的拆装和保养也很方便。价格不贵，适合各个阶层的钓友选购。

鼓形轮的优势

鼓形轮具有收线量大的优势，适合钓大鱼的时候用，在使用时可以让钓者轻轻松松地控制住大鱼，并能做到收放自如。

叉式齿型鱼轮的优势

叉式齿型轮最大的优势是，在钓中型鱼收竿的时候手感非常好，能使钓友充分感受到垂钓的乐趣。

鱼轮的使用方法

❶ 纺车轮的使用方法

首先，上线。翻起拨动架，将鱼线的线头系在线杯上，然后放下拨动架，摇动手柄，就可以将鱼线绕在线杯上了。在上线的时候尤其要注意的是，无论要装多粗的线，都要略低于线杯的槽口，这样做可以有效避免乱线。

然后，上竿。将绕有鱼线的绕线轮安装在鱼竿上，拧开鱼竿的轮座，再将轮脚插入轮座，最后关闭或拧紧轮座即可。

在上竿时需要注意的是，绕线轮一定要在鱼竿上牢牢地绕紧，否则在用力抛线时容易导致鱼轮意外被抛出去。在安装完轮子后，需要试着用手上下晃动绕线轮，观察绕线轮是否安装得牢固。

接着，调节泄力旋钮。泄力旋钮是绕线轮上一个调整力度的装置。泄力的调整是根据鱼线钓力的大小来调节的。比如，鱼线的拉力是 3 千克，那就可以在线端挂上 1.5~1.8 千克的重物，这时鱼竿和鱼线都是相互垂直的，绕线轮可以做到自动放线。

最后，抛线。从鱼轮放出 30~40 厘米的鱼线，然后将鱼挡翻上，再把鱼线扣在食指上，并用手指压住鱼线，双手将鱼竿举过头顶，竿柄指向某一处，最后将饵团钓组放置于自己的脑后方的位置。

在抛竿时，左手应该适当地往下方后压，

当钩饵由身后甩到身前上空时，右手在松开压线手指的同时，顺势将鱼竿向前甩一些。当钩饵飞出后，鱼竿的竿尖还应对着某一处。当钩饵与铅坠完全落入钓点后，稍微停顿一会儿，再将线挡用手调至复位，即可收紧多余的鱼线，最后将鱼线固定。

注意，要检查一下逆止开关是否关闭，若没关闭，应及时关闭，以免造成抛竿时跑线的现象。

❷ 鼓形轮的使用方法

鼓形轮有大、中、小三种型号，在轮体都装有开、半停、停 3 个控制开关。

鼓形轮与纺车轮相比，多了抛投控制系统。该系统有磁力刹车和离心刹车两种，在抛投的过程中，可以做到随抛投物速度的减慢而降低线轴的转速，以防造成炸线的情况。

在使用鼓形轮的时候，要先将鱼线穿过导线环，再系紧到绕线轮上。绕线的高度最好低于绕线轮边缘的高度，高度差保持在 1.5~2.0 毫米，避免缠得过多或

过少，造成不能正常抛线的情况。别看鼓形轮的体积不大，但装鱼线的量很大。

在准备抛线时，要先调节一下调整钮，这样做是为了调节绕线轮出线的速度，防止绕线轮输出过快而出现反冲的现象。接着，用大拇指推压离合按钮，调到适合自己的力度即可。继续用大拇指推压离合按钮，使绕线轮和导线轮处于分离状态。最后，摆好抛竿姿势准备抛竿即可。

使用鼓形轮的注意事项

抛线之前，握住鱼轮的那只手的大拇指要稍用力按住绕线轮，可以防划线。

当发生炸线时，只要拧松并卸下右侧盖，取下炸线绕线轮，理顺后重新安装上即可。

鱼轮的保养

不同情况下鱼轮的保养方法

使用鱼轮时

在使用时，尽量避免与礁石等坚硬的物体发生磕碰，磕碰会直接导致鱼轮的内部金属结构受损腐蚀。切记不要将鱼轮跌落到砂砾中，由于砂砾棱角较锋利，若不小心渗入到例如滚珠轴承等内部部件中，鱼轮则很有可能无法再继续使用。

使用鱼轮后

尤其是在海钓后，最好将鱼轮的线轴取下并放入温水中浸泡一下，避免海水中的盐分对线轴的损坏，然后再用干净的手巾把机体擦拭干净，最后放到阴凉处吹干即可收藏起来。若不方便，也可以利用吹风机，调到弱风的档位进行吹干。主要部件需要仔细擦干，传动部位要检查是否需要加润滑油。

储存鱼轮时

在阴凉处存放时，不要挤压或碰撞鱼轮，也不要把东西压到鱼轮上，最好是把鱼轮收藏在专门的小袋子中保存。市面上的轮袋主要有两种，一种是日本进口的轮袋，由耐磨、防水的弹性纤维制成；另一种是国产轮袋，外面由尼龙纤维包裹，内里由耐磨海绵制成。

鱼轮清洗年限

鱼轮每使用一年，在不垂钓的时候就需要对鱼轮进行全面的拆卸和清洗。

鱼轮装线结的打法

①

以纺车轮为例，利用飞蝇备用线来进行打结。

②

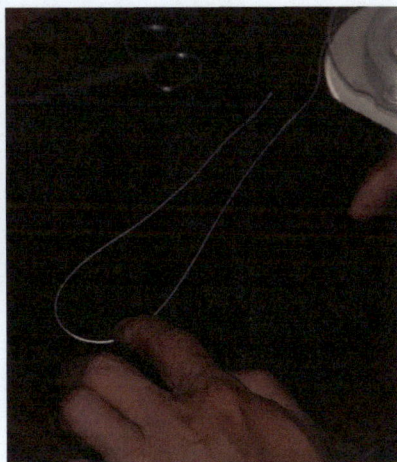

将钓线如图所示对折。

③

将对折后的钓线线头再向回折弯，形成如图所示的线圈。

④

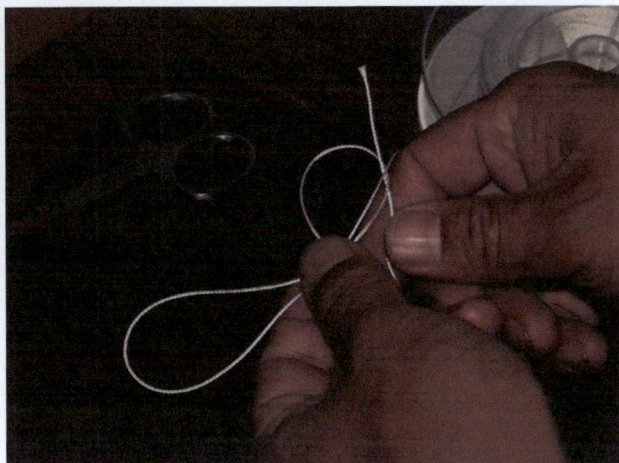

折弯回的线头如图穿进刚才自身形成的线圈内，相当于缠住了第一次对折的两根线体。

⑤

重复上一步骤，缠绕 3~4 圈。

⑥

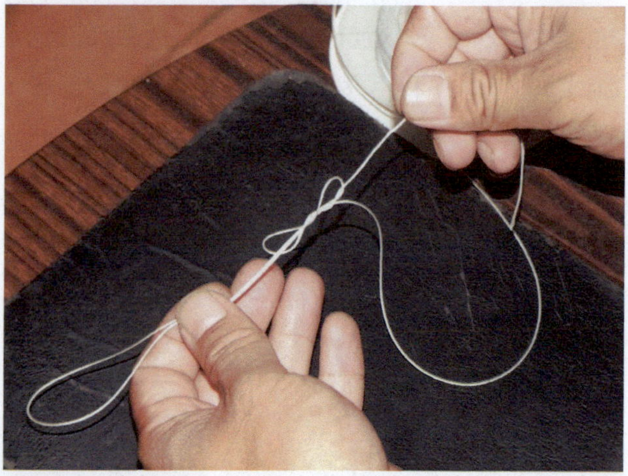

缠绕完成后，如图所示两手拉住线结的两端抽紧线头。

⑦

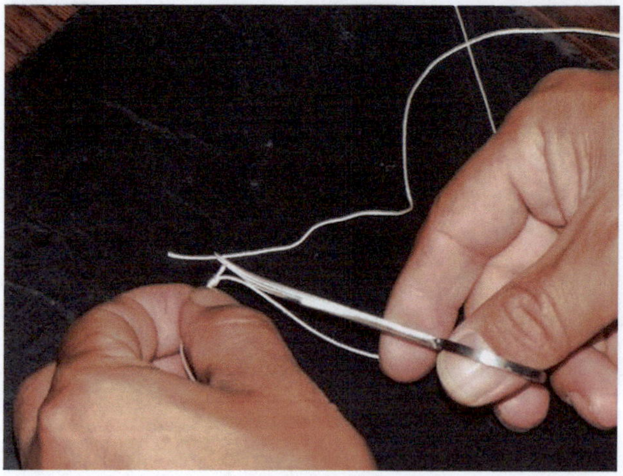

抽紧线头后，用剪刀剪断余线即可。这时，可以看出已经绑成了一个活套线圈，并且活套部分的线结也非常牢固。

⑧

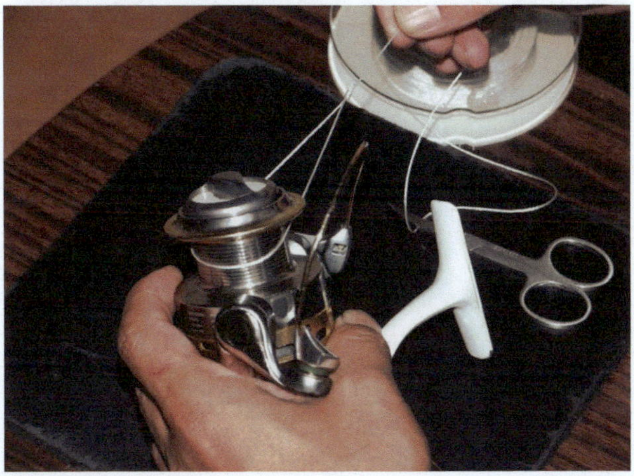

将纺车轮的线杯架打开后，把我们刚绑好的活套套在线杯上。如图所示。

⑨

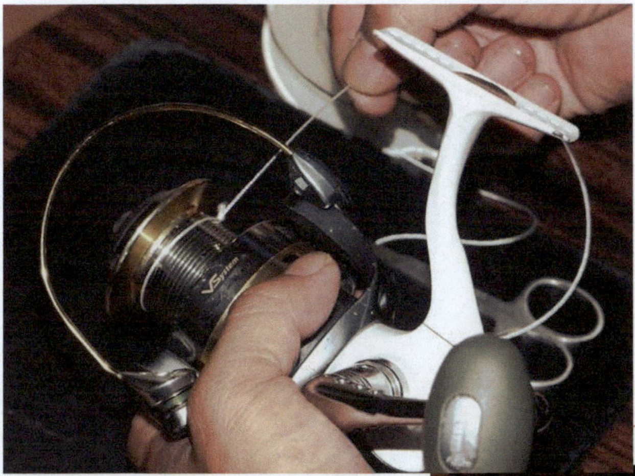

如图，抽紧钓线，使活套紧勒在纺车轮的线杯上。

⑩

最后，关上线杯架即可开始绕线了。

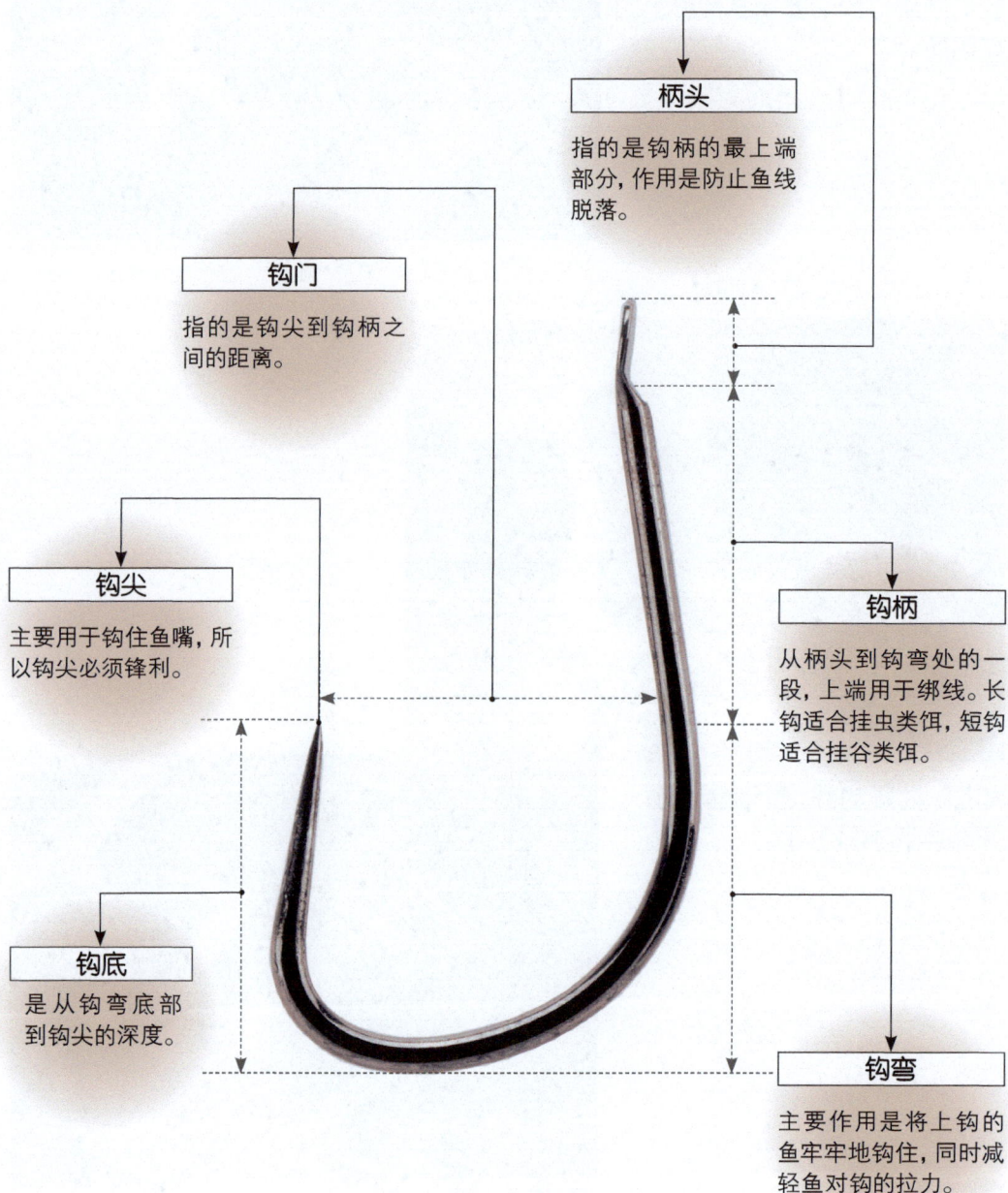

[鱼钩]

鱼钩是钓组中重要的组件，主要由中碳钢、高碳钢以及合金钢等材料制成。好的鱼钩具备坚、利、韧、劲的优点。

鱼钩的组成

柄头

指的是钩柄的最上端部分，作用是防止鱼线脱落。

钩门

指的是钩尖到钩柄之间的距离。

钩尖

主要用于钩住鱼嘴，所以钩尖必须锋利。

钩柄

从柄头到钩弯处的一段，上端用于绑线。长钩适合挂虫类饵，短钩适合挂谷类饵。

钩底

是从钩弯底部到钩尖的深度。

钩弯

主要作用是将上钩的鱼牢牢地钩住，同时减轻鱼对钩的拉力。

鱼钩的种类

伊势尼钓钩的特点是钩柄较短、钩身较粗、鱼钩的硬度很好。鱼吞钩后不易吐钩，吃钩率高于长柄钩。主要适用于淡水中的大鱼。在抛钓中，也常用其制成爆炸钩使用。

伊势尼钩

伊豆钩

伊豆钩的特点是钩尖稍向外翻、钩柄较长、钩尖较为锋利。比较适于垂钓淡水中的鲮鱼和乌头鱼等。

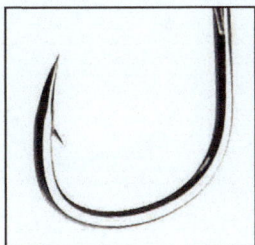

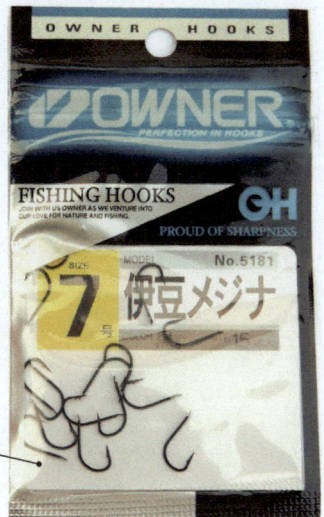

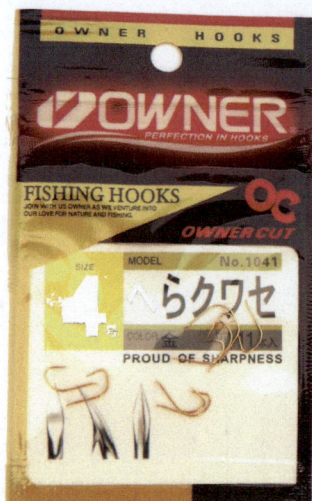

小矶钩

小矶钩的钩柄与伊势尼钩相比更短,钩身更粗。小矶钓钩的钩身呈圆弧状。鱼的咬钩率较高,比较适于垂钓淡水鲤鱼、草鱼和乌头鱼等。

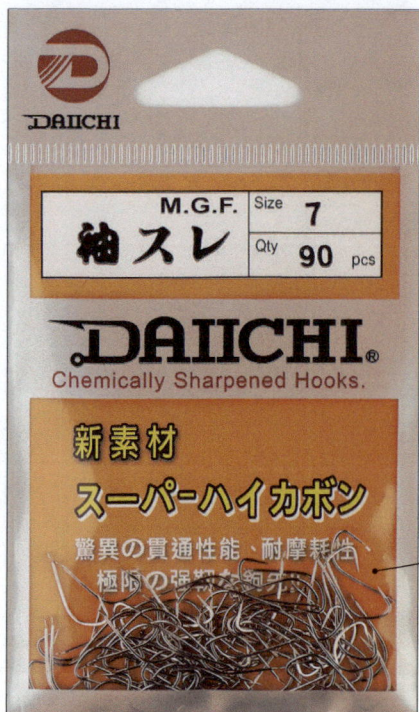

袖钩

袖钩的特点是钩尖锋利、钩柄较长、钩条细且钩身轻,比较适于垂钓靠吸入取食的小型鱼类。适合快钓快取,多被用于垂钓白鲫和小白条等。

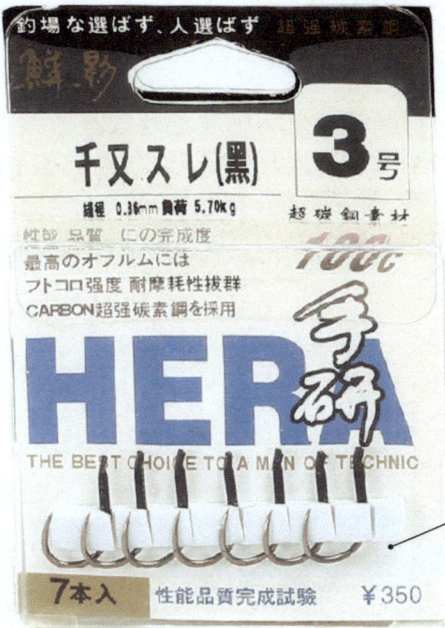

千又钩

千又钩的特点是钩柄较长、钩尖与钩柄不平行且向内弯起，因此也被称为歪嘴钩。鱼吞钩后不易吐钩逃脱，比较适合垂钓多种淡水鱼类。同时也是比较常见的海钓钩型。

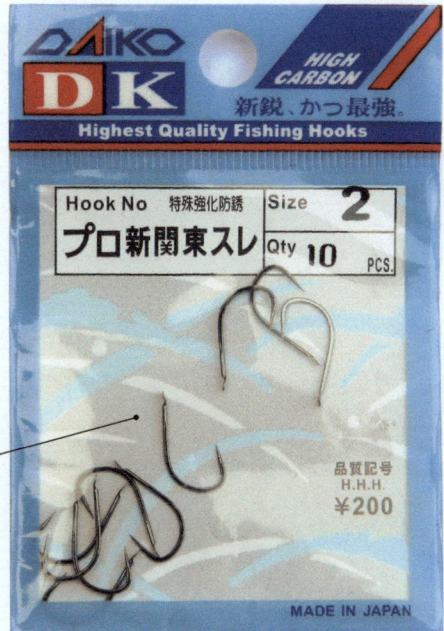

新关东钩

新关东钩的特点是钩柄较长、钩尖锋利、钩门较宽。鱼儿的咬钩率高，有快钓快取的优越性。比较适合垂钓淡水鱼，如鲫鱼、罗非鱼等。

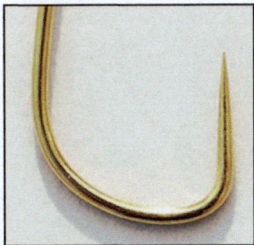

新关东钩

2cm						
1cm						
0.3	0.5	0.8	1	2	3	4

管付千又钩

管付千又钩的特点是钩柄尾端弯成圆形。管付千又钩型与千又钩型一样，鱼线通过钩柄圈系住鱼钩，拴线牢固，以钓取较大的鱼类。多用于海钓凶猛的鱼类，当大鱼吃钩后不易逃脱。

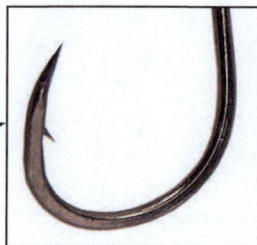

丸世钩

钩尖外撇，略像伊豆钩，但钩形不同；钩条粗细适中，钩柄长。一般用作海钩使用，因海鱼吃食凶猛，且牙齿锋利，需要钩柄长一点。也适合垂钓淡水鱼中的白鲳鱼。

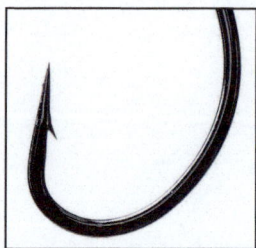

号数	4	5	6	7	8	9	10	11
数量	11	11	11	11	11	10	10	9

4 5 6 7 8 9 10 11

→

串钩

串钩在淡水钓和海水钓中都比较常见，是由五个或更多的鱼钩等距离地系在子线上。串钩分为两种，一种是一根子线上有多个钓钩；另一种是子线上有若干分支线，分支线上系着多个钓钩。系在子线上的鱼钩由深至浅地悬于主线上，可以钓取不同水层的鱼类。

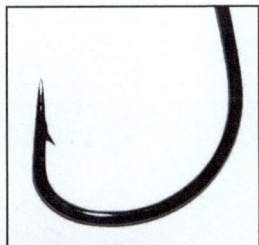

←

朝天钩

朝天钩属于传统钓法中的必备钓钩，其质量好坏和大小直接关系到钓绩的好坏。在冬季野钓中，朝天钩是一件必不可少的装备。

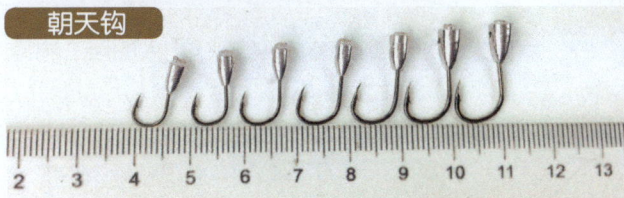

朝天钩

竞技钩

竞技钩因采用无倒刺钩尖，钩尖较短，可能容易跑鱼。无倒刺钩的卸鱼速度比有倒刺钩快好几倍，在垂钓小型鱼类的淡水钓中，相当一部分野钓爱好者会有选择地使用竞技钩。

爆炸钩

爆炸钩用于海竿钓法。在红色锦纶强力拉力下，六枚鱼钩环形张开，中间的弹簧设计更加快捷，方便上饵团。适用于淡水水域抛钓，可钓取较大的青鱼、草鱼等类型的鱼类。

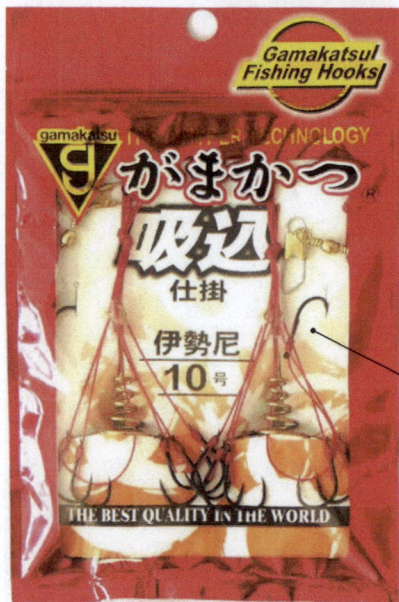

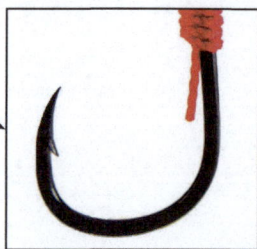

拟饵钩

拟饵钩也叫"仿生钩"或"假饵钩"。拟饵钩是由各种现代材质制成的，将其外形做成仿生饵的形态，用来隐蔽鱼钩。拟饵钩一般用于海钓，通过抛、拖和逗等方法，引诱中上层水域凶猛的鱼类上钩。

鱼钩和鱼线的搭配

鱼类	主线	子线	浮漂	型号
竞技钓小鲫鱼	0.3~0.4 号	0.1~0.3 号	1~3 号 （底、浮钓用）	袖 0.5~2 号
野生鲫鱼	0.4~0.8 号	0.2~0.4 号	1~5 号 （底、浮钓用）	袖 2~3 号
中型鲫鱼	0.8~1 号	0.3~0.6 号	2~5 号 （底、浮钓用）	袖 2~4 号
冬鲫	0.4~0.6 号	0.2~0.3 号	1~3 号	白袖 1~3 号
马口	0.8~1 号	0.5 号	4 号	关东钩 4 号
白条	0.8 号	0.4 号	3~5 号	白袖 2 号
梭边鱼	0.3~0.4 号	0.2 号	1~3 号	白袖 1 号
2 公斤以上大鱼	2 号	1 号	4 号	伊势尼 5 号
5 公斤以上大鱼	4 号	2.5~3 号	5~6 号	伊势尼 8 号
10 公斤以上大鱼	5~7 号	3~4 号	5~7 号	伊势尼 10 号
草鱼	4~6 号	3 号	5~7 号	伊势尼 8~10 号
大青鱼	4~6 号	3~4 号	5~7 号	伊势尼 8~11 号
花白鲢	5 号	3~4 号	大号长尖标	伊势尼 8~10 号

鱼钩的选择

根据外观挑选鱼钩

外形

鱼钩的外形一定要光滑、平整,钩条粗细要均匀。

钩尖

鱼钩的尖部必须锋利。选购时可用钩尖在指甲上划,如果钩尖能勾得住指甲,则说明钩尖锋利。

强度和韧性

用手捏住钩尖顶部,然后向外推拉,如果发现有鱼钩断裂或是弯曲变形的现象,则说明鱼钩不够结实,最好不要选择。

根据鱼类挑选鱼钩

根据鱼的种类进行挑选

如鲫鱼,鲫鱼具有口小、唇薄、性格温和等特点,所以适合使用小型、钩条较细的鱼钩。

如鲤鱼,鲤鱼具有口大、唇厚、咬力大等特点,所以适合使用钩门宽、钩底深、钩条相对较粗的鱼钩。

根据鱼的大小进行挑选

在不了解鱼情的情况下,宁可选择小钩也不要选择大钩,以免影响鱼量。不过最合理的还是根据鱼情去挑选鱼钩。

鱼钩的绑法

以管付鱼钩为例，介绍鱼钩的捆绑方法。

1

首先注意管付钩的钩柄是一个圈。

2

将线穿过钩柄上的圈。

3

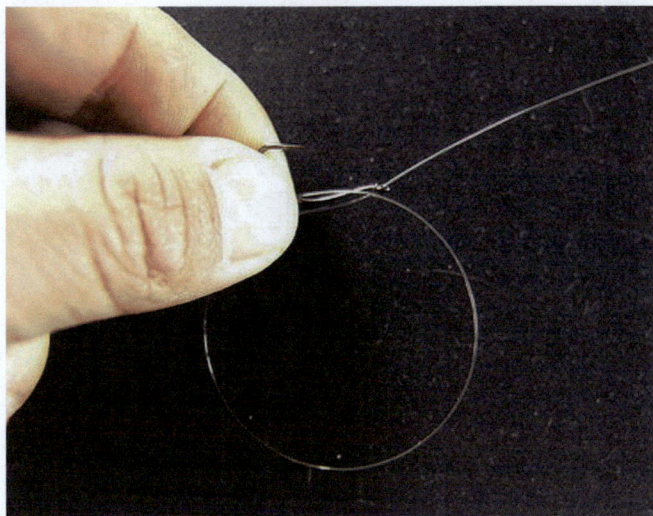

线穿过后，如图绕成一个圆圈。

4

换一个方向再看一下线头的方向。

5

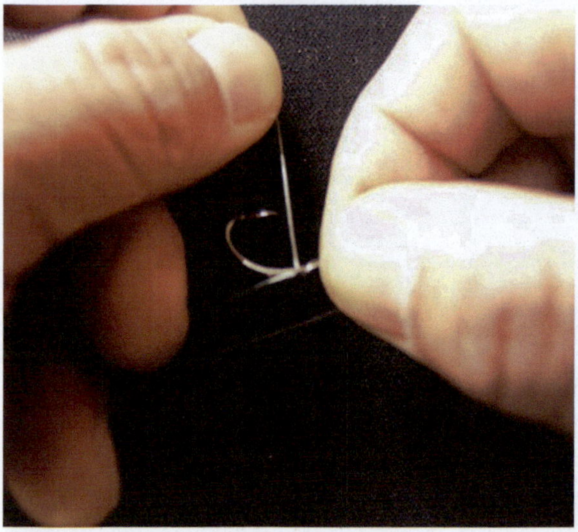

用一只手捏住线圈的交叉点，另一只手撑开线圈并将线如图所示绕到钩柄上，将钩柄与线头线缠在一起。

6

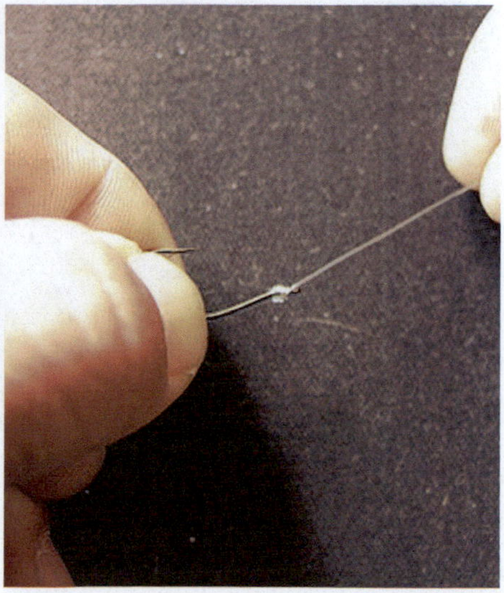

缠绕 4~6 圈后，拉紧另一端的线，将线从管付的圈中抽出，使缠绕的线圈在钩柄上绑紧。

7

然后用子线剪剪断鱼线。

8

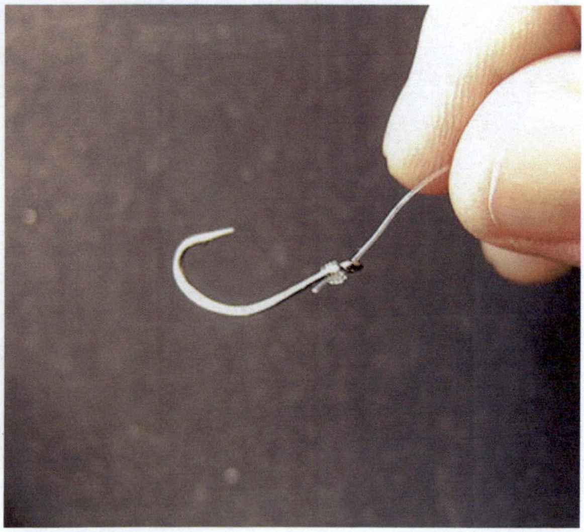

如图，就是最后绑完的效果。

鱼钩的保养和磨钩

鱼钩的日常保养

在垂钓前，要先对所有可能使用的鱼钩进行检查，看鱼钩是否锋利、倒刺是否合理、绑钩线是否绑紧、绑法是否正确等，必须认真检查后方可使用。

鱼钩的钩尖是最重要的部分，在日常垂钓时，需要时刻注意不要让钩尖接触硬物，尽量少挂一些水草等物，以免钩尖被磨钝。

在垂钓后，也要检查钩尖是否锋利；如果已经钝化，应及时磨钩或换钩再进行垂钓。

快速磨鱼钩的方法

首先，我们要判断出鱼钩是利是钝。先手持钩柄，将钩尖刺入薄塑料片中，如果刺进去很顺利，毫无声响，则说明该鱼钩是锋利的，不需要磨钩。相反，如果听到"啪"的一声，则说明该鱼钩是钝钩，需要及时磨钩了。

对于钝钩，我们要借助一些介质来磨钩。先将钝钩夹紧在小型台钳上，保持钩尖和钩柄在同一高度上，用细油石由左至右地沿钩尖向钩柄方向推磨。在推磨时，可以用放大镜进行观察，观察钩尖的断面是否磨成两个平面和一个弧面组成的一个近似三角形。最后再用白钢条压磨几下即可。

[浮漂]

浮漂又叫浮子或鱼漂。浮漂主要是通过鱼线把鱼吞食饵料的情况反馈给垂钓者。借助浮漂的浮力，可以钓到不同水层的鱼类。

浮漂的组成

以长身漂为例介绍浮漂的组成。

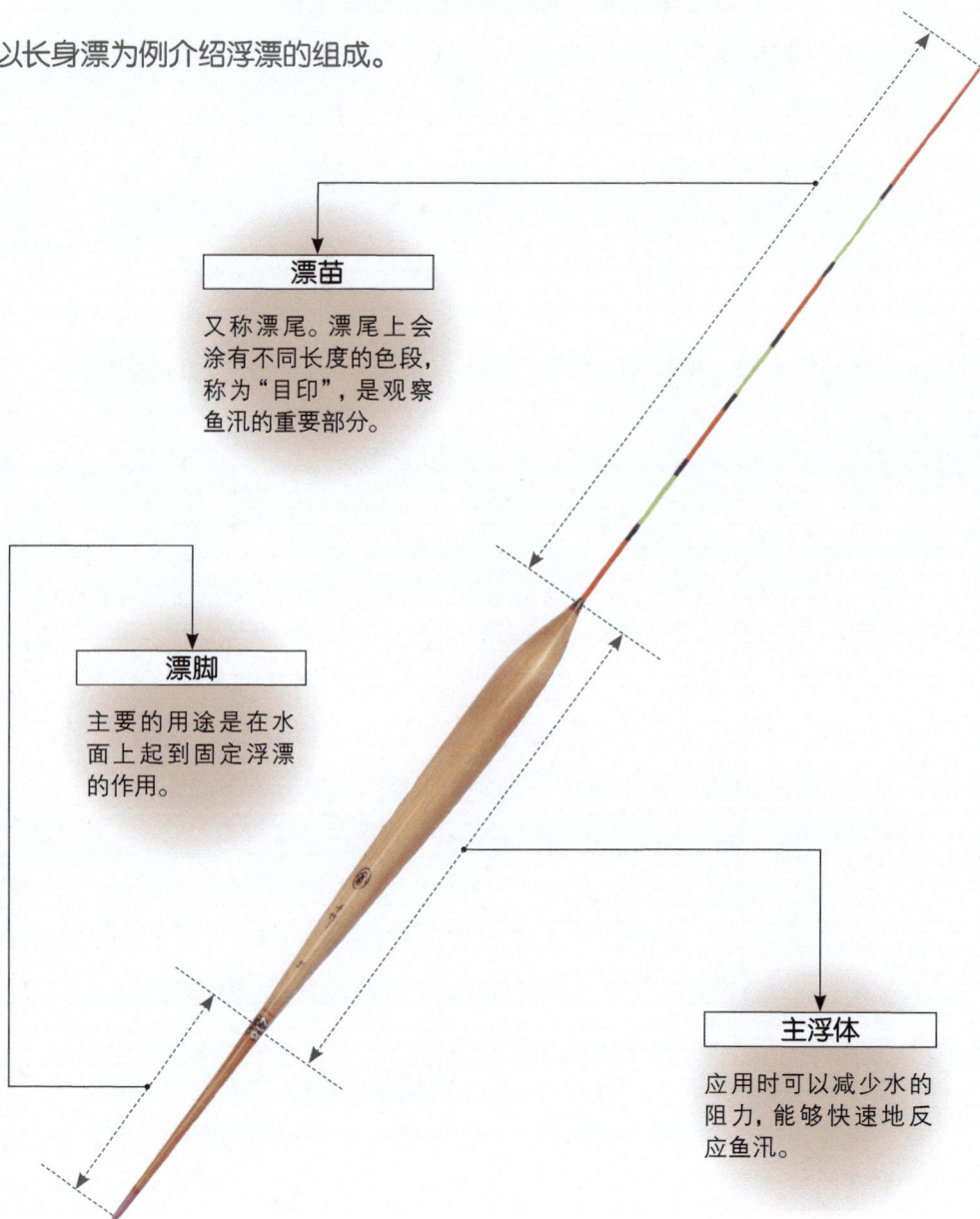

漂苗

又称漂尾。漂尾上会涂有不同长度的色段，称为"目印"，是观察鱼汛的重要部分。

漂脚

主要的用途是在水面上起到固定浮漂的作用。

主浮体

应用时可以减少水的阻力，能够快速地反应鱼汛。

浮漂的作用

传递鱼吞食钓饵的信息

浮漂在水中的反应非常灵敏。当有鱼触碰或是吞食饵料的时候，饵、钩的位置会发生变化，这种变化从浮漂上就可以看出。

显示钓点的位置

在大片的海域中，由于浮漂都是由醒目的颜色组成的，所以能够方便垂钓者准确找出钓点的位置。

使饵、钩处于不同水层

调整浮漂与铅坠之间的配重关系，可以使饵、钩停留在不同深度的水层中，方便垂钓不同水层的鱼类。

及时反映水的深浅

在底钓的时候，从浮漂到钓饵的长度就是水的深度。

体现咬钩鱼的种类

不同的鱼类的摄食习性也不太相同，反映到鱼漂上也不一样。经验丰富的钓友可以根据浮漂的不同反映，判断出是什么类型的鱼在咬钩，甚至连鱼的大小也可以辨别出来。

浮漂的种类

按浮漂的类别分

↑
立式浮漂

立式浮漂有棒形、纺锤形、辣椒形、中穿立形、伞形、羽毛漂等，适合用于吞饵动作比较小的鱼类。

↑
球形浮漂

球形浮漂有圆形和枣形两种类型。这种浮漂的特点是钓力大，适合用于钓中上层水域的鱼类，又称浮钓。

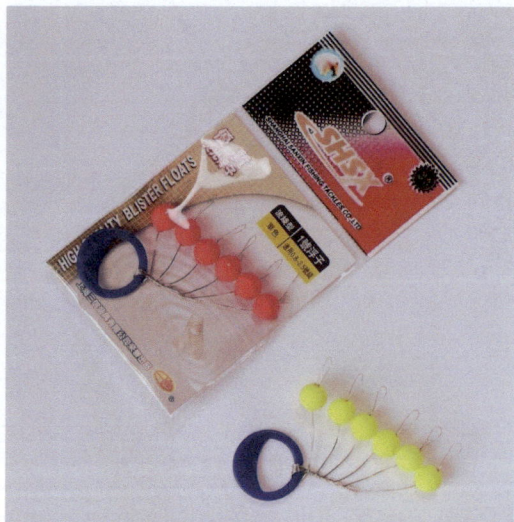

←
线浮漂

线浮漂又称为蜈蚣漂、七星漂等。它是用禽类的粗羽毛制作成圆形、椭圆形，或使用小塑料球进行串联而形成的浮漂。

按漂脚的材质分

↑ 碳脚浮漂

碳脚浮漂细，受水阻力小，可以使浮漂的重心降低而稳定，可快速反映微弱鱼汛，对浮漂的灵敏性与稳定性有极大的影响，是现在最实用的漂脚材质。

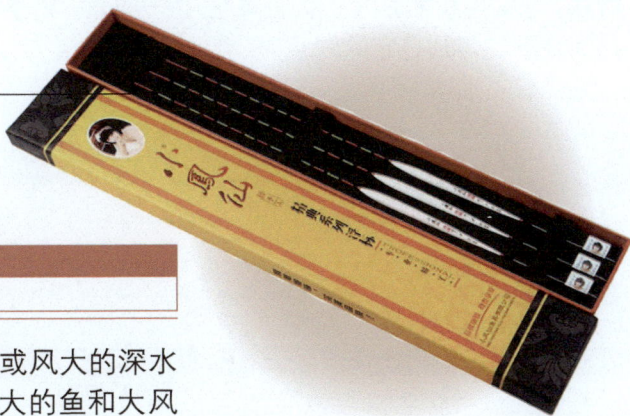

→ 钢脚浮漂

钢脚浮漂质地较硬，适合在水库或风大的深水区域使用，漂身平稳，不受体型大的鱼和大风的干扰，减小了鱼在下摆过程中就饵的难度，稳定性好，抗风性能好。

← 竹脚浮漂

竹脚浮漂是常见的棒浮漂，多用于传统钓，重量轻、浮力大、漂身软。常立在水面上，1/3 露出水面，它们对鱼汛的反应灵敏度比较高。

按漂体的性质分

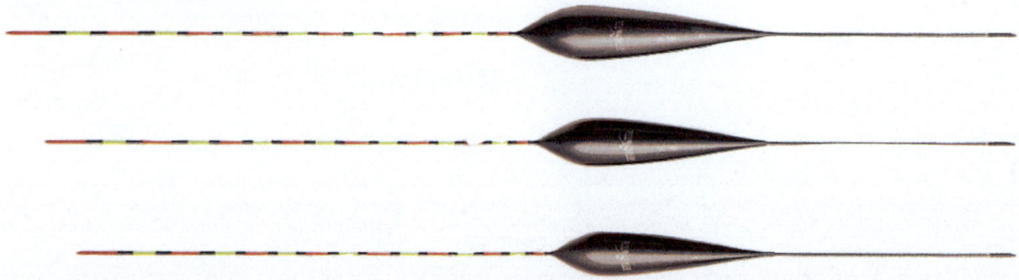

巴尔沙木浮漂

巴尔沙木浮漂是现在使用最为普遍的浮漂材料,它浮力很大,是制作标体的良好材料,可采用机器加工,从而降低生产成本。易于批量生产是它的优点,木质毛细孔间隙不均匀则是它的缺点。

羽毛浮漂

羽毛浮漂最常见的是以孔雀翎做成的浮漂。孔雀翎属于高级浮漂材料的一种,具有很高的硬度与稳定性,可做出极为灵敏的浮漂。其制作工艺复杂,技术层面较高,制作工程稍有疏忽,浮漂的灵敏性就会受到极大的影响。

芦苇浮漂

芦苇浮漂以芦苇作为漂体材料。首先要选用符合要求的芦苇杆,在它的中间插入一支长碳纤维棒,再经过多重打磨将它磨成浮漂形状,涂漆,上色,画上图案,最外面涂上透明防水漆,芦苇浮漂就做好了。

按漂体的外形分

长身浮漂

长身浮漂，适合钓中下层快鱼，可逮截杀、抓停口，稳定性高。但这并不是绝对的，应根据当时所垂钓的水域、鱼情、季节、鱼类和天气来决定与选择。

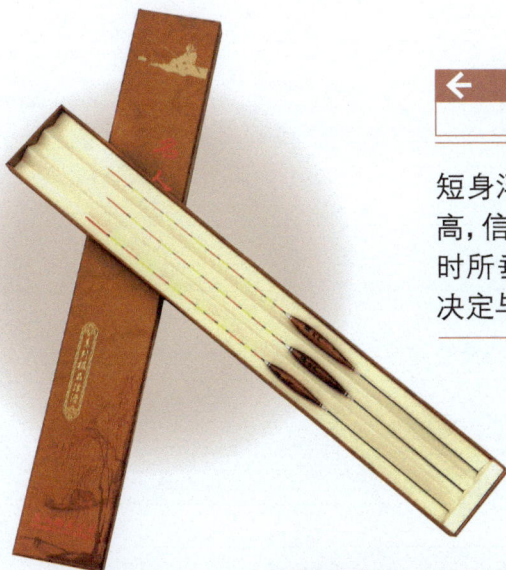

短身浮漂

短身浮漂适合钓上层鱼，其翻身最快。灵敏度高，信号传递稳。但这并不是绝对的，应根据当时所垂钓的水域、鱼情、季节、鱼类和天气来决定与选择。

浮漂的收纳工具

漂盒

漂盒具有保存浮漂的功能，使浮漂避免受重物挤压而变形，损坏浮漂。漂盒要避免放在阳光下暴晒，长时间不用的浮漂应经常拿出来在水中浸泡一会儿，防止它干裂。

浮漂的挑选方法

如何挑选出坚挺结实的浮漂

1. 掂一掂

把鱼漂放在手中，轻轻扔起浮漂掂其重量，过重的鱼漂会比较笨，过轻的浮漂会浮起来，只有重量适中的鱼漂才可以。

2. 弯一弯

双手轻轻地握住漂体的两端，将其轻弯以试其强度，辨别浮漂是否坚固耐用。

3. 弹一弹

用手弹下浮漂的漂脚或漂苗，听其声响是空是实，如果想钓到更多的鱼，最好选择弹起来空实兼备的浮漂。

4. 掰一掰

用手掰浮漂的漂脚位置，观察是否结实。

如何挑选出灵敏度高的浮漂

1. 材质轻，浮力大。　　**2. 漂尾细，质地好。**　　**3. 漂体流畅，阻力小。**

4. 结构合理，上重下轻，平衡点在漂体中部。

调漂的方法

第一步

空钩半水不到底调漂。

往钓区抛出漂，将铅皮慢慢剪去，一直到漂尖露出水面半目或呈水平。

第二步

挂饵料调漂。

在双钩中的任何一钩挂上饵料，再往钓区抛出，此时会发现浮漂往下沉没，之后修剪铅皮，再重新挂饵料抛出。反复几次后，再修剪铅皮，直到量出饵料悬停在半水的状态，漂尖露出水面呈水平状为止。

第三步

两饵轻触底。

调漂完成后，再将不带鱼饵的空钩抛至钓区，可见浮漂下沉到某一目就不再下沉了，这露出的目数就是当下最适合我们鱼饵的调目。

第四步

浮漂上下移动。

以这种方式调漂，完成双钩挂饵抛出，浮漂一定会缓慢下沉，接着再将浮漂往上移动，一下至双饵底露出 2 目即可开始垂钓了。

呈垂直状的鱼漂

下沉到正常位置的鱼漂

台钓浮漂适合的鱼类

粗短硬尾浮漂

适合钓中下层鱼，翻身快，下沉也快。

短身短尾浮漂

适合钓上层鱼，翻身最快。

长身细硬长尾漂

适合钓中下层快鱼，可以逮截杀、抓停口。

小号细长身细硬尾浮漂

适合钓底层的滑鱼。

细长身短软尾浮漂

适合钓底层轻口滑鱼。

尖肩膀长身细硬尾浮漂

适合钓涮口滑鱼，下沉快，回升相对慢。

竹脚短身细硬尾浮漂

与碳脚浮漂相比，立起快，到位也快。

台钓浮漂用数字来表示浮力大小

台钓浮漂的数字越大说明浮力越大，比如1号漂比0号漂的浮力大。

浮漂的日常保养问答

Q 如何存放？

A 正确做法

浮漂在不用的时候，应该存放在坚硬的漂盒中或圆筒中，避免重物挤压所产生的变形或损坏。

Q 浮漂使用后如何保养？

A 正确做法

在使用后，应该及时擦洗干净。先用干净的布蘸取清水，从漂脚开始像漂苗方向擦拭，然后再用纸巾再擦一遍，最后再放入漂盒中收起来。

Q 擦完的浮漂可否放在阳光下晒晒？

A 正确做法

擦完的浮漂最好不要放在阳光下暴晒。一般的鱼漂都涂有防水漆，不怕水，但会怕光，如果经常暴晒在阳光下，容易出现掉漆的现象。

Q 长时间不用的浮漂应该怎么处理？

A 正确做法

对于长时间不用的浮漂，应该时常拿出来在水中浸泡一会儿，让浮漂身上的防水漆及时得到水分的滋养，以防干裂。

浮漂的漂相解读

为了方便钓友掌握中鱼时的漂相,下面为大家介绍 20 种最常见的漂相

1 **浮漂轻点轻触**
多为鲫鱼在试探,当频繁连点连触时,可以提竿。

6 **浮漂连续点动,动作很小**
多为鲫鱼上钩的迹象,可以及时提竿。

2 **浮漂微微上升又缓慢下沉一目到半目**
说明鱼已上钩,可以提竿。

7 **浮漂点动后,然后慢慢上送**
动作越慢说明鲫鱼越大,动作越快说明鲫鱼越小。

3 **浮漂偶尔缓慢下沉**
仔细观察,若下沉速度越慢说明鲫鱼越大。

8 **浮漂横向移动,还微微有点向下移动**
说明鱼已上钩,可以提竿。

4 **浮漂微微颤动后,微微下沉半目到一目,漂动即停止**
这时需在浮漂刚开始下沉的时候,就提竿。稍有缓慢,容易错失良机。

9 **浮漂横向移动,不送漂也不黑漂,只呈现横向移动**
注意观察,若一直出现横向移动现象,则说明鱼已上钩,可以提竿。

5 **浮漂有力,并开始猛点时**
注意观察,若只点一下而且动作较大,不下沉也不上送时,说明饵料已经吃到鱼嘴里,很有可能鱼的体积较大,应及时提竿。

10 **浮漂在水下突然忽闪一下,然后停止**
多为鱼在水下觅食时,无意碰及鱼线所致,不必理会,无需提竿,不要有任何举措,以免惊吓到鱼。

11 浮漂在水中，出现轻轻斜向位移、平移或微微下沉的现象

说明鱼已上钩，可以提竿。

16 未见浮漂下沉，但送漂时往往是大鱼

说明鱼已吞饵，抓住时机，及时提竿。

12 浮漂开始连续不停地微微颤动

说明鱼已咬钩，抓住时机，及时提竿。

17 浮漂突然快速下沉，或快速上浮

多为小鲫鱼在咬钩，可选择性提竿。

13 浮漂横卧在水面，漂不沉不动

多为大鲫鱼在半路咬钩，应及时提竿。

18 浮漂在水面微微连续点颤、轻送或轻沉

说明鱼正在咬钩，应及时提竿。

14 送漂后浮漂迅速恢复原状，漂为一目送平后又恢复原始状态

出现这种情况，多为虾、蟹的脚拨动所致，此时若提竿多为空竿。

19 找窝或试点的时候，如果空钩下送，浮漂不下沉或出现突然下沉的现象

多为鱼咬空钩，应及时提竿，虽然这种情况较少，但也要仔细观察。

15 黑漂后迅速恢复原状，漂相为一目斜向入水，然后再恢复原状

多为小杂鱼在咬钩，可以不做任何举措，以免惊吓到大鱼。

20 漂尾被缓缓顶起，只送半目或最多到一目，然后浮漂不动

这种情况比较常见，多为鱼上钩所致，理应及时提竿，避免错失良机。

调漂的术语解读

调漂

指通过加减线组中铅坠的重量来设定浮漂与水面相交的平衡点。

带饵调漂

调漂时，双钩挂饵，水线长度控制在饵球处，不触底，双饵悬浮。

单钩调漂

指的是在调漂之前将低钩剪去，只保留一个鱼钩。

实钓状态下调漂

调漂的全过程一定要在实际垂钓的状态下完成。

半水调漂

指的是调漂时，双钩要处于悬浮状态，并不是指水线是水深的一半。

调平水

指把浮漂的平衡点定在视漂的顶端，让其与水面齐平。

调灵

指浮漂在调整后与水面相交的平衡点在视漂的高位。浮漂的目数越少越灵敏。

浮漂平衡点

指浮漂的"钓目"。当浮漂在线组进行配重后在水面保持静止时，浮漂的示漂与水面相交的那条线。

粗调

指在正式调漂之前，先粗略地调整一下，然后边抛竿打窝子，边泡标泡线，过半小时后再正式调漂。

微调

在调漂后，实际垂钓中发现浮漂语言不太准确，从而加减极少量的铅皮或上下微量移动浮漂。

调目

通过加减铅皮而设定的浮漂与水面相交的平衡点。

钓目

指在实际垂钓时，浮漂露出水面的目数。

浮漂的鱼汛语言

指浮漂因鱼吃饵料而产生的信号，都是鱼汛的语言。鱼汛语言主要分为降讯语言、定讯语言和次降语言三类。

降讯语言

指的是当铅坠入水带着钓饵和浮漂下沉的过程中，直到钓饵沉到某一位置不动为止，在此期间有鱼来食，浮漂所表现出的鱼汛语言。

定讯语言

此类语言出现在钓饵到位、浮漂处于静止不动之后。一般有下顿、上浮下顿、送漂、黑漂四种最具代表性的语言。

次降语言

指钓底鱼不吃食，出于无奈，轻轻拉动浮漂，带动钓饵离开水底做一次下沉，引诱鱼来吃食。从饵离底到再次定位之间出现的语言。

剩余浮力

当浮漂在水中处于平衡状态、静止不动的时候，露出水面上的示漂部分被称为剩余浮力。露在水面上的目数越多，剩余浮力就越大。

浮漂的自身语言

当浮漂入水到静止不动，处于平衡状态时，浮漂会表现出翻身、站立、停顿、下沉、反弹和定位共六种自身语言。这六种语言都有各自的规律，如果在此之间有鱼来吃饵，必定会打破这几种语言的规律。

[铅坠]

又称沉子、坠子、铅砣等。在悬坠钓法中,铅坠是调节钓组灵敏度、提高上鱼率的重要工具。

铅坠的作用

稳定钩、饵于钓点

在海钓时,可以利用铅坠的重力,将钩、饵抛向远方的钓点,再与浮漂配合使用,使钩、饵悬垂于目标水层或迅速沉入水底。

方便了解水情

在垂钓时,可以利用铅坠的重量与浮漂的配合,可以探测到水的深浅以及水底的情况。

能够放大鱼汛

铅坠能够把鱼吃食的轻微动作加以放大,然后再通过浮漂的语言快速反映出来。

铅坠短粗

在抛竿时,饵料下沉速度较快,汛号明显,幅度大,浮漂的小动作较少。提竿时容易惊扰鱼群,所以适合于休闲钓、深水钓和野钓。

铅坠细长

钩和饵的下沉速度平稳,讯号缓慢、清晰,浮漂的小动作多,提竿时轻巧些,目标鱼也会容易接连咬食,所以适合于竞技钓和浮钓。

铅坠的种类

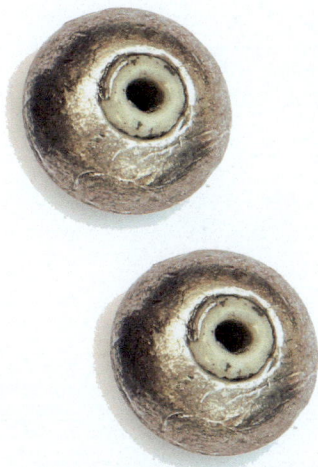

活动铅坠

活动铅坠又叫空心坠，是一种椭圆型铅坠。重量在10～30克之间。当需要远投定位，同时要求较高灵敏度的时候，活动铅坠便可以很好地解决这个问题。尤其是垂钓者使用抛竿抛钓鲢鳙的时候，活动铅坠不仅拥有较高的灵敏度，而且又有利于远投和定位。

龟背型铅坠

龟背型铅坠属最为常见的一种铅坠。铅坠长约3厘米，宽约2厘米，厚度为1厘米左右，重量大概在20～80克之间。形状呈椭圆形，酷似龟背。所以被称为龟背型铅坠。

水滴形铅坠

水滴形铅坠因为形状酷似水滴而得名。重量一般在10～20克之间。水滴形铅坠的特点是下沉时阻力较小、入水速度较快。比较适合垂钓自然水域中的凶猛肉食性鱼类。如，翘嘴红、红尾鲴，等等。

别针坠

别针坠是为竞技钓中加快更换双钩脑线而专门设计的一种别针组合坠，这种铅坠的特点是下端金属丝直接弯成一个不全封口的小环。换子线时，只要脱装一个"O"形的小橡胶环，很快就会完成，十分迅速。

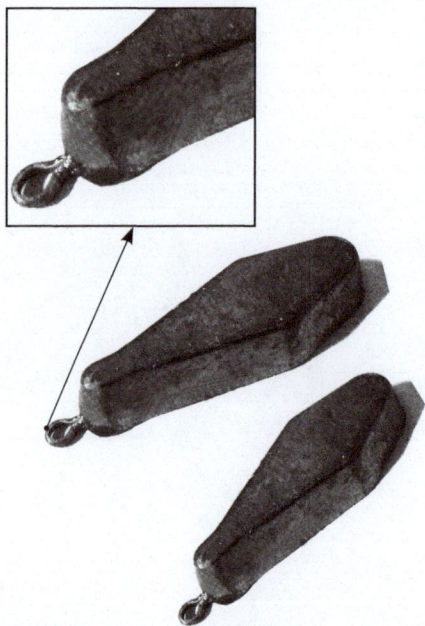

多面体形铅坠

多面体形铅坠常见的是六面或者八面铅坠。它的特点是可以有效地减少水流的冲击，比较适合在流速较大的水体中进行垂钓，因此它成为了江钓、海钓中所必备的装备。

扁圆形铅坠

扁圆形铅坠的重量较小，一般在 10 ~ 20 克之间，入水时阻力较大，故下沉时速度较慢。扁圆形铅坠的重量较轻，因而不易陷入淤泥里，适合在水底有碎石杂物的地方使用，也适应抛竿挂拟饵。扁圆型铅坠最大的优势是可以避免挂底现象出现，它收线时铅坠离底在水中漂行。

子母坠

主要用在一些特殊的垂钓场所，如草洞中。铅坠的上部分与可调通心坠相同，但在子线上离钩数厘米处加上一个不可调的固定坠。我们把不可调的这个坠子称为子坠，可调的称为母坠。

附加铅坠

抛竿浮钓时，小漂搭配小铅坠，这样的搭配鱼讯反应灵敏。如果浮钓没有效果，便可将浮钓改为底钓。要是不想更换钓组，可以选择附加铅坠，也就是在原有的铅坠旁再加上一个铅坠，随后取下浮标。这种更换钓组的方法比较简单，且容易办到。

舍弃铅坠

舍弃铅坠适合垂钓者在碎石较多、有障碍的自然水域垂钓，因挂底而需要确保钓组和钓竿不受到损伤而舍掉的铅坠，因此被命名为舍弃铅坠。通常情况下，自然水域的情况复杂，时常有因建筑大堤防止水库坍塌而投抛的大石块，这样复杂的水域往往是大鱼喜欢栖息的地带。因此在这样的条件下垂钓，舍弃铅坠是比较好的选择。

↑
夹心坠(咬铅)

在水中夹心坠起到平衡线组的承载力和调整线组的水下状态的作用,垂钓者装上夹心坠并贴近咬钩,在垂钓时无形中等于增加了钩子重量,降低了钓饵的活性,也不利于轻口鱼吸饵入口。而加了小咬铅的钓饵下沉速度会明显加快,下沉速度会导致垂钓结果有明显的变化。

→
抛竿活坠

在抛竿垂钓时可以选择使用通心活坠。首先,把主线从空心铅坠的孔中穿过,再在主线的末端系上连接器,这样连接的抛竿活坠在钓线上可以任意地活动,反应灵敏。有鱼咬钩时,钓线在抛竿活坠中自由滑动,把咬钩的信号迅速传递给钓竿。这种抛竿活坠主要用于串钩,比较适合垂钓鲫鱼、鳊鱼等个体较小的鱼类。

←
抛竿死坠

在主线的末端系上连接器,饵料和铅坠同时和连接器相接。大多被用于炸弹钩钓组,比较适合垂钓一些体型较大的鱼类。它的优点在于饵小钓钩集中,并且铅坠较重,利于远投。除此之外,较重的铅坠也加大了钓钩的穿刺能力,从而大大提高了上钩概率。

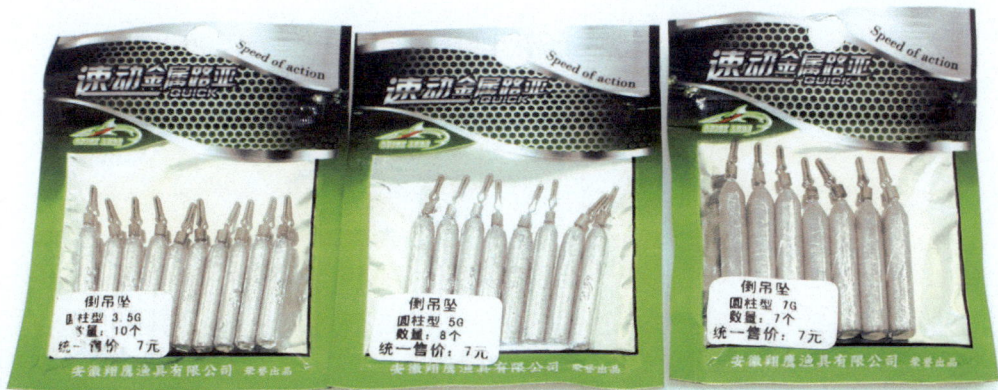

圆柱形铅坠

圆柱形铅坠多是垂钓者自制的简易铅坠。一般为 5 ~ 6 厘米长，重量在 30 克左右。适合于水下碎石或者障碍物较多的自然水域。若垂钓时铅坠遇到水下障碍物，垂钓者稍加力度，铅坠的长端受力翻转，从而越过障碍物。圆柱形铅坠具有翻越障碍的特殊功能，许多垂钓者将它称为会翻动的铅坠。

以饵为坠

选择飞钩垂钓时可以利用饵料的自身重量来替代铅坠的重量，搭配小浮标更能灵敏地反映出鱼讯。钓钩上有鱼饵时，浮标立在水面上。倘若鱼饵消失，浮标会出现翻倒。

串珠坠

这种串珠坠适合于溪流钓和流水钓。以几粒定量的小圆坠分段固定于钓线的下端，数量因浮漂的大小、水流速而定。串珠坠可以控制流水中线组的摆幅和移位速度，在流水中同样有很高的敏感度。

[太空豆]

太空豆是钓组配件中的一个重要组件，是用来固定漂座和铅皮座位置的橡皮豆，也可用来加固主线和竿梢软辫的连接。

太空豆的定义

太空豆是中间带孔弹性强力的橡胶豆。使用时用包装中自带的细钢丝做工具，将大线拉进去。它具有弹性和摩擦性，既可以限制标座和铅皮座的位移，又可以改变标座和铅皮座的位置。因为钓线型号粗细不同，太空豆也分为不同型号。另外，为了避免分散鱼的注意力，太空豆的最好选用黑色，不要彩色。

太空豆的选择

教你如何挑选好的太空豆

挑选弹性

挑选弹性好的，并且不容易裂开的太空豆。精研系列太空豆的性价比相对较高。

挑选材质

太空豆一定要选用熟胶制成的，切忌选用生胶。生胶与主线硬对硬，极容易伤线。

挑选体积

一般情况下，太空豆越小越好，但不能轻易穿过标座线孔。太空豆越大水阻力就越大。

挑选形状

要注意选柱状型的太空豆，不要选择圆蝌蚪型的。圆蝌蚪型的太空豆因为和钓线摩擦接触的表面积较小，容易打滑。

太空豆的用法

1. 夹活

即不改换钓组的条件下，仅把铅坠上移一段距离的钓法。铅皮座下方的太空豆一定要夹紧一些。如果提铅钓，在提竿后，铅皮座会向下撞击底下的太空豆，从而导致太空豆向下移动。

2. 调整

两粒夹着标座的太空豆要稍微有点空隙，1~2毫米。不宜过大也不宜太紧，太紧会造成没有空间、不利于标座自然伸直向上，影响标的自然垂直度。

[取钩器]

在钓鱼的时候,经常遇到鱼钩卡得很深,怎么也取不下鱼钩的情况,此时通过使用取钩器,就可以解决这个问题。

取钩器的分类

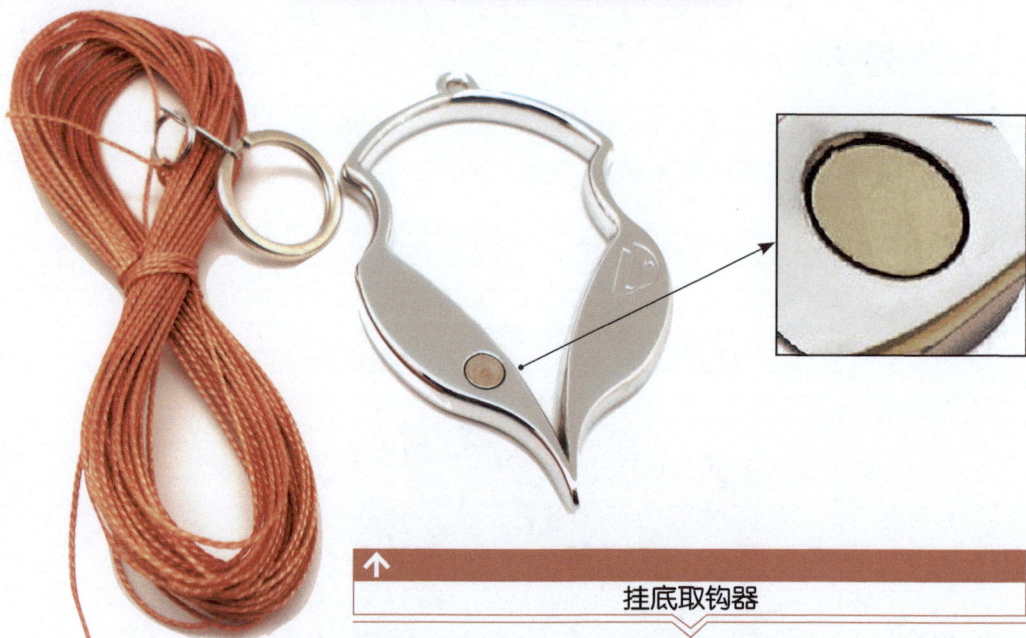

↑ 挂底取钩器

野钓时,由于水底地形复杂,常会遇到挂底现象。每遇挂底无法下水摘钩,只能硬拉硬挑,常导致断线扔漂伤竿,令钓友十分头疼。挂底脱钩器双面自带吸铁,在复杂水下能快速吸取鱼钩。

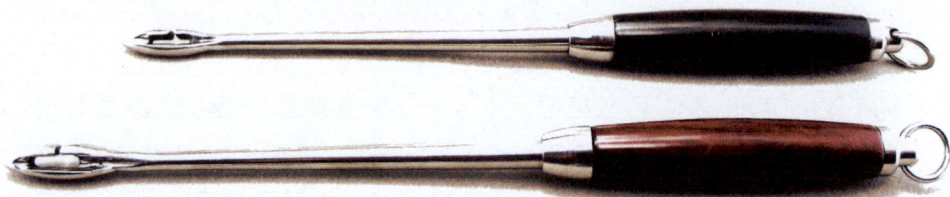

↑ 钛合金环形取钩器

钛合金环形取钩器采用航空材料制成,质地坚硬,方便携带。顶部的圈形设计可以使取钩时间大幅缩短。使用时只要把子线放入圈型中便可将钩直接取出。

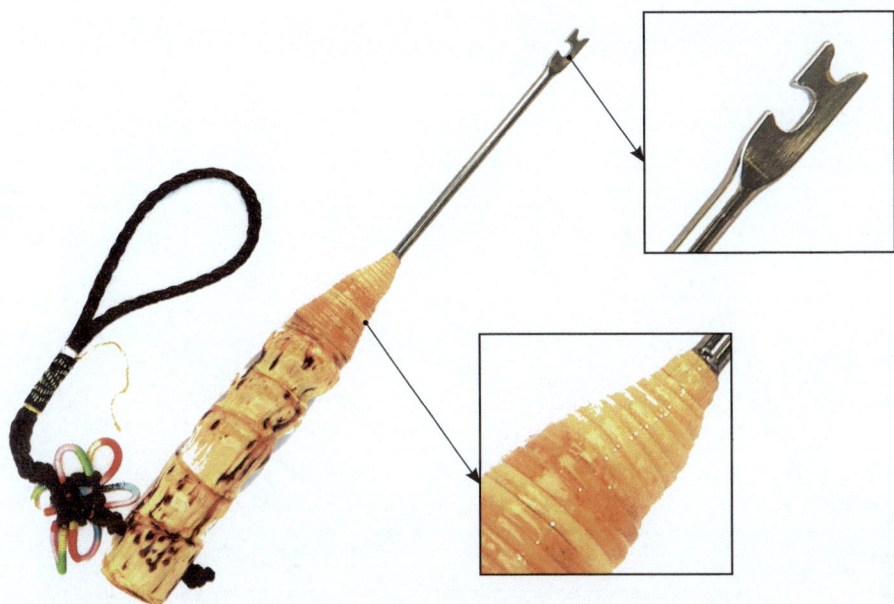

螺丝刀式取钩器

螺丝刀式取钩器是钓鱼时必不可少的小配件，当鱼儿把鱼钩吞进嗓子口或更深的地方时就会用到它。轻轻地往鱼儿的嘴里捅一下就能轻易地将鱼钩取出来。

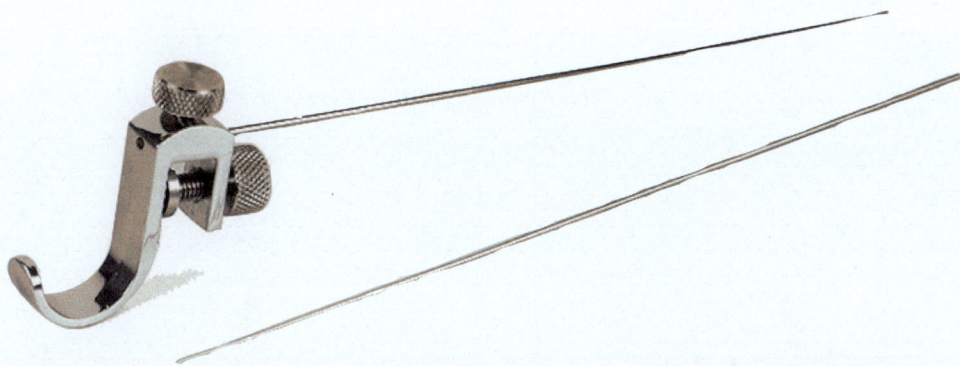

脱钩器

不锈钢双针脱钩器使用本色铝材制成卡头，用不锈钢材质做出两根脱针。质地结实，使用十分便捷。

取钩器的用法 1

①

②

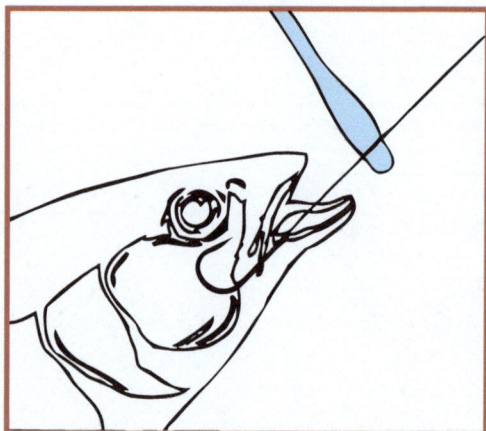

首先拉直子线,套进入线口沿线推入。

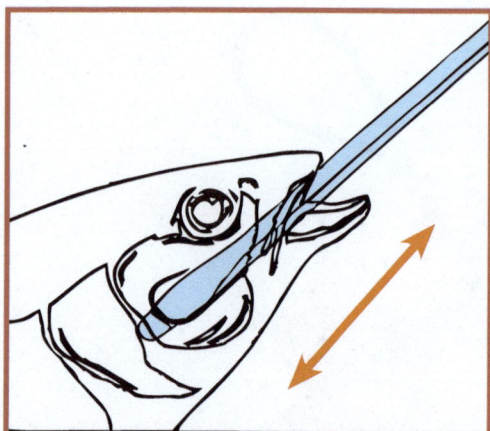

然后保持子线的张力,在碰触到鱼钩后轻推鱼钩,使鱼钩落入凹槽内,同时往内推动一下即可抽出鱼钩。

取钩器的用法 2

①

②

将鱼线放在取钩器的凹槽中,顺着鱼线向下推动。

顶住鱼钩,将鱼钩脱出。

[饵料]

饵料是鱼类及其他水生动物的饲料，属于水产养殖业的关键要素，同时也是垂钓者诱惑、吸引鱼儿的媒介。

饵料的定义

饵料分为天然饵料和人工饵料两大类。从饵料的作用来分析，又分为诱饵和钓饵两种。在垂钓时，诱饵是必不可少的。诱饵的主要作用是在目标水域的钓点诱惑鱼群，使鱼群在钓点附近集结，便于垂钓。而钓饵则是装在鱼钩上引鱼咬钩。

饵料的选择和使用

1. 选料精
注重原料的气味和颜色。

2. 对鱼路
在选择诱饵和钓饵时，要注意目标鱼的喜好。

3. 精制作
几种原料的配比及制作方法。

4. 诱钓比
诱饵味道绝不能超过钓饵。

5. 投料准
窝点确认后，投饵要投向窝点。

6. 窝集中
打窝范围应在 50~80cm 之间。

7. 量适度
鱼不动钩，可能是因为诱饵质量不好或量太少引起。

8. 及时补
垂钓时，要进行多次补窝。

9. 无声响
鱼听觉灵敏，应用投饵器投饵。

10. 巧应变
用诱饵，应随水情、鱼情而变化。

诱饵

诱饵的配制

诱饵一定要散、香

如果诱饵很香，又是分散开的，鱼只要游到钓点附近，肯定会舍不得离开，又无法吃饱，只能来回徘徊在钓点附近。

诱饵一定要有鲜艳的颜色

鱼对鲜艳的颜色很敏感，尤其是对红、黄、白三色最为敏感。鱼的视力约为1m左右，每次撒饵不宜过多，以免招惹到其他小鱼。

诱饵一定要含有粒状物和粉末

所配制诱饵中的粒状物要有一定黏度，才会在落水后慢慢散开，这样做可以稳住鱼在鱼窝附近徘徊，而粉末可以引鱼入窝。

诱饵一定要有香味、腥味或臭味

鱼的嗅觉敏感，对香味、腥味和臭味尤其喜好，只有这三种味道才能促使鱼在鱼窝附近聚集。

有效使用诱饵的注意事项

打窝的面积一定要小，直径保持在15cm左右，这样才能保证诱饵的有效性。打窝时，在窝点的前后打好记号，窝点在中间，使窝点及两头的记号成一条直线。后面我们会详细讲有关打窝的方法。

针对个别鱼的喜欢选择诱饵

鲤鱼，喜好微甜型

草鱼，喜好清香型

青鱼，喜好清香型

鲢鱼（鳙鱼），喜好馊酸型

鲫鱼，喜好浓香型

甲鱼，喜好腥膻型

鲶鱼，喜好腥膻型

黑鱼，喜好腥膻型

投放诱饵时的注意事项

味道要有对比

诱饵的味道对比一般可分为两方面，一方面是从味型上进行对比，一方面是从浓度上进行对比。

从味型上，又分为最需要和最常见两种诱饵。最需要就是指诱饵的营养成分和鱼发育阶段的营养需求相同。最常见就是和鱼平时吃的饵料口味相近或相同。

从浓度上区分，鱼的口味也有轻有重。容易散开的饵料和具有一定黏度的钓饵相比，钓饵的味道要浓于诱饵。

雾化要适度

在颗粒饵料或谷物饵料中，掺入奶粉和豆粉做诱饵或钓饵，这是很常见的饵料的配方。奶粉和豆粉可以改善饵料的口味和雾化效果，是不错的理想辅料选择。

雾化饵的使用也要适度，不少的初级钓友会遇到：信号紊乱、漂动得勤却很少中鱼的情况，像是小杂鱼在闹窝似的，这种情况实际上是饵料雾化过度而引起的。

大小要有主次

饵料使用的大小，是很多使用抛竿垂钓的钓友最常见的问题，在手竿垂钓中却经常会被钓友们忽视。事实上，饵料的大小是直接会影响到鱼摄食的多少的。

在诱饵、钓饵差异很小的情况下，如果诱饵比钓饵颗粒大，就会影响到钓饵的发挥。好比如果用嫩玉米钓草鱼，那么最好用捣碎的玉米粒做窝，用完整或饱满的玉米粒做钓饵，捣碎的嫩玉米汁，有利于发挥诱鱼的效果，而用作钓饵的大玉米粒具有目标大、诱惑力强的特性，很容易成为草鱼的首选。

钓饵

钓饵的定义

按照钓饵的性质分，主要有植物性钓饵和动物性钓饵两大类

植物性钓饵

又称素饵，是使用最多、来源最丰富的鱼饵。主要垂钓的鱼类为鲤鱼、鲫鱼、鳊鱼、草鱼等素食性和杂食性鱼类。在春末、夏季和初秋进行垂钓，用素饵效果最好。

动物性钓饵

这种饵料富含丰富的蛋白质，主要可以用于垂钓肉食性和杂食性的鱼类，动物性钓饵主要有昆虫类、小动物类、小鱼虾类等。

钓饵的种类

→ 天然钓饵

天然饵料是指在自然环境下生长的所有生物饵料。例如，细菌、浮游生物、周丛生物、水生维管束植物、底栖生物和禾本科植物，等等。另外，有机碎屑也被称为天然饵料。浮游生物、有机碎屑和细菌絮凝体等是养殖鱼类鱼苗阶段和鲢鳙等滤食性鱼类的常见饵料。贝类等底栖生物是青、鲤等鱼类的饵料。天然饵料是饵料的重要组成部分，它的来源较广、数量充足，并且可以满足鱼类的营养需要。

人工钓饵

人工饵料是指那些人工种植、培育的动植物或农业、畜牧业以及制药、食品等工业的产品和副产品，经加工而成的饵料。人工饵料的种类繁多，大致以玉米、大麦、高粱等作为原材料，这些饵料属于能量型饵料，淀粉的含量比较高。

配合钓饵

这种饵料比较方便，可以直接在钓鱼店里购买。根据鱼类营养的需求，需要选用若干种原料和添加剂，经混合和机械加工而成的人工饵料。饵料配方主要依据鱼类对脂肪、蛋白质、矿物质、碳水化合物和维生素等营养物质的需求进行配比。这类饵料适合初期垂钓者。

常用钓饵有哪些

常用素饵钓有哪些

植物根块

鲜嫩的茎叶和嫩芽

粮食颗粒

果实

粑饼

颗粒类饵料

面食混合钓饵

炸弹饵

常用荤饵钓有哪些

蚯蚓

活虾

青虫

蚂蚱

小青蛙

蝇蛆

红虫

蟋蟀

面包虫

泥鳅

螺蛳肉

海蚕

贝类肉

蝼蛄

鸡、鸭内脏

肝类

钓饵的选择

如何选择适合的、有效的、又能增加钓获量的钓饵

按鱼的习性选饵

每种鱼都有自己的喜好，没有任何一款钓饵适合所有的鱼类。比如鲤鱼、鲫鱼等鱼属杂食性鱼类，荤饵或素饵都能用；草鱼属素食性鱼类，适合用草饵，偶尔用蚯蚓也可钓到草鱼；鲶鱼、鳜鱼属肉食性鱼类，只有用荤饵才能钓到。

按季节选饵

随着季节的变化，鱼对饵料的选择也会有变化。好比草鱼，在刚入春的时候喜欢荤饵；在初夏的时候喜欢草饵；在秋天的时候喜欢蚂蚱、青虫等混虫类的荤饵；而在冬天则任何鱼饵都无法钓到草鱼。一般来说，只有杂食性的鱼类的喜好才会因季节的变化而产生变化。

按水情选饵

即使是同一种鱼类，在不同的水域，它的摄食习惯也会有所改变。如鲤鱼、鲫鱼在肥水域中喜欢吃素饵；在瘦水域中喜欢吃荤饵；在肥瘦适宜的水域则喜欢吃香饵。

按地域特点选饵

不同地区的水域，就算是同一种鱼类，对鱼饵的需求往往存在着很大的差异。对于有经验的钓友，会在垂钓前先对该地域的鱼类进行分析，了解其偏好，然后再进行配饵。只有这样做才能在任何地域都能钓到自己心仪的鱼类。

常用饵料的制作方法

下面为大家介绍一种最方便、最常用的饵料配比方法。

用容器打一盆湖水（在湖边打水要注意安全）。

然后在另一个干净的容器中倒入混合饵料粉。

接着倒入 10% 的小麦蛋白粉（拉丝粉）。

再用右手沿顺时针方向将饵料拌匀。

5

加入适量的湖水搅拌。

6

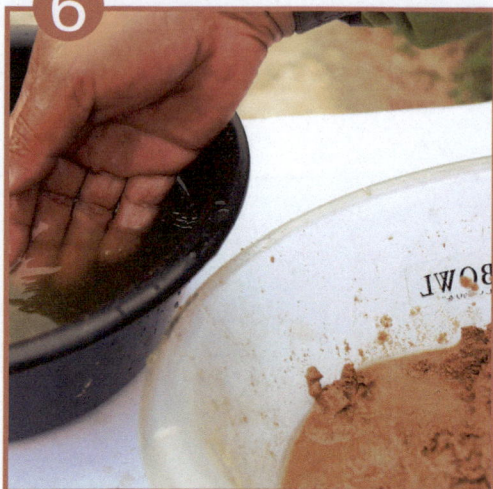

搅拌后补加适量湖水（水和饵料的比例大概是 1:0.8）。

7

继续沿着顺时针方向将饵料搅拌均匀。

8

将拌好的饵料团成团。

常用鲜活荤饵的制作方法

以红虫为例，为大家介绍把鲜活的饵料制成荤饵的方法。

① 取出适量红虫，放在干净的容器里备用。

② 根据红虫量的多少，倒入适量的红虫胶。

③ 加入少量清水，将红虫胶和红虫搅拌在一起。

④ 这样，最常用的鲜活荤饵，就制作完成了。

饵料的保存

日常我们在用饵料的时候，一般一次无法用完，然而在开了口之后，如何保存又是个问题。如果只是用卡子夹好，又很容易出现一不小心饵料洒落一地的现象，不好收拾。一但遇到雨天，还容易变质。下面我们来简单介绍几种保存饵料的方法。

最有效的保存方法

1. 塑料瓶保存法

干净的塑料瓶，打开瓶盖，将瓶中的水分晾干，然后把剩下的饵料都装在塑料瓶中，盖好盖子，最后在塑料瓶的外沿贴上大概2厘米左右长的胶布，并写上饵料的名字，方便饵料的识别。也可以最后在瓶口的位置覆盖上一层塑料纸后，再拧紧瓶盖。这种保存法方便倒出饵料，并控制饵料使用量。

2. 冰箱冷冻保存法

如果饵料在短期间内就能用到，直接存放在冰箱冷藏室内即可，若短期内用不到就存放在冷冻室。昆虫类的饵料需要存放于冷冻室，红虫存放期不得超过两周；柳虫、栗虫、鲑卵不得超过一个月；黄虫、艾篙虫、葡萄虫不得超过一年的保存时间。对于容易有异味的饵料，可以如图剪个塑料瓶瓶口将其保存。

红虫保存盒的制作方法如下。

1. 先准备一盆干净的凉水、保存红虫的盒子和两块与盒子大小厚度相同的 1~2 厘米左右的海绵，备用。

2. 然后把其中一块海绵泡在凉水中吸足水分后，再放在保存红虫盒子的底部。

3. 把需要保存的红虫放在吸足水分的海绵上。

4. 把另一块海绵也浸透水后，放在红虫上面，盖住红虫。

5. 这样，红虫保存盒就制作完成了。只要每天保持海绵的湿润即可，白天可以打开盖子，晚上需盖上盖子。温度须保持在 1~5 摄氏度。

3. 蚯蚓保存法

保存蚯蚓需要准备个小木箱，把蚯蚓放进小木箱里，然后依次放入泥土、切成小碎段的草绳、蔬菜屑等蚯蚓吃的食物。再在食物的上面放上几层破布遮盖，保存小木箱的湿度。平时的时候，需要用淘米水淋湿破布，在保持潮湿的同时，还有助于繁殖出更多的蚯蚓来。

4. 蝼蛄虫保存法

保存蝼蛄虫需要准备个竹篓，在装蝼蛄虫的竹篓里，放些潮湿的水藻或几层布块，然后把蝼蛄虫放在中间，可保存一天。时间长了蝼蛄虫也会死亡。

简单保存方法

1. 塑料桶保存法

2. 密封袋保存法

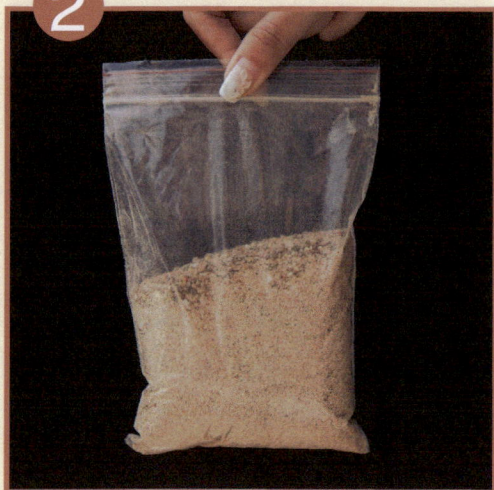

拟饵

拟饵的定义

拟饵又称路亚，是人工模拟海、路、空中一些经常被鱼类捕食的昆虫、小鱼、小虾制作而成的假饵。

拟饵的种类

→ 毛饵钩

毛饵钩是假饵的一种，指在钩柄的下端用羽毛、塑胶、鱼皮缠线而成的饵钩。外形似昆虫、水藻，能用来引鱼上钩。

← 软饵

软饵指的是软性的拟饵，这种拟饵在水中游动的幅度更贴合真实小鱼游动的幅度。软饵上是没有鱼钩的，需要钓友自己将鱼钩嵌入其中。

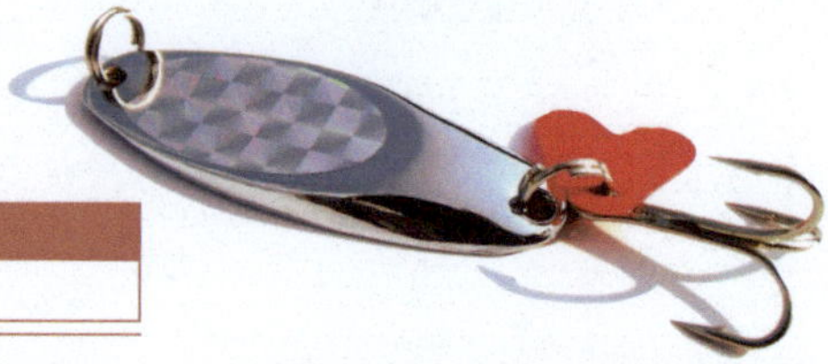

→
硬饵

硬饵是其他几种拟饵中最吸引鱼类的一种拟饵,尤其是在毫无障碍的广阔海域,用硬饵来探测鱼情,是大多数钓友最理想的选择。

拟饵的使用

用拟饵钓鱼的使用技巧详解

用饵技巧

拟饵主要用于钓取具有肉食性并有掠食行为的鱼类,如鳜鱼、大口黑鲈等。在使用拟饵时, 需要根据所钓目标鱼选择符合它食性的拟饵,对拟饵的大小、形状、颜色都需要选择。如钓取鳡鱼、鲸鱼等鱼时选择小鱼、小虾类的拟饵,钓取红梢、翘嘴红鲌等鱼时就要选择鱼虾形的拟饵或昆虫类的拟饵。

抛投技巧

在自然水域的肉食性鱼类都具备很强的捕食能力, 所以在将拟饵抛入钓点后, 钓友应及时控制鱼轮缓慢地收线, 营造出拟饵变 "活饵" 的现象, 模仿得越逼真捕食的效果越好。

常用拟饵使用范围

适合水深 = 0~1 米

适合水深 = 0~7 米

适合水深 = 0~1 米

适合水深 = 0~3 米

适合水深 = 0~5 米

适合水深 = 1~3 米

适合水深 = 7~13 米

适合水深 =0~2 米

适合水深 = 0~4 米

适合水深 = 0~5 米

适合水深 = 0~2 米

适合水深 = 0~5 米

适合水深 = 0 米

适合水深 =1~4 米

适合水深 = 0~5 米

适合水深 =0~5 米

饵料的上饵方法

素饵上饵的方法

1

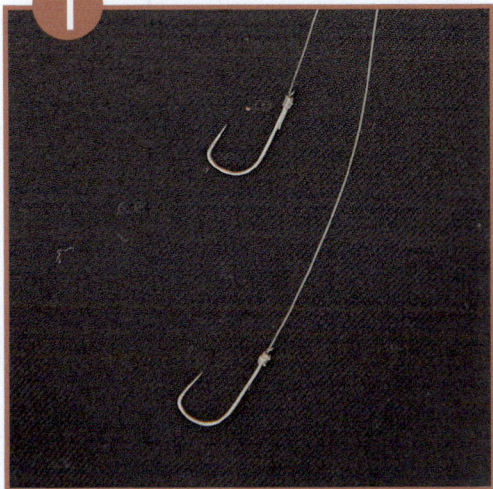

首先，先准备出双钩。

2

然后，把捏好的素饵放在干净的盆中备用。

3

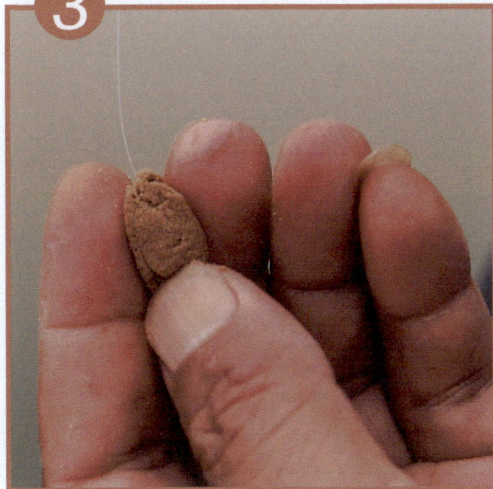

接着，捏下一块拌好的饵料，固定在钓钩上。

4

最后，将双钩向上提起，确定饵料将鱼钩牢牢包裹住。上饵完成。

荤饵上饵的方法

荤饵与素饵不同,素饵可以事先拌好,但荤饵最好是现拌现用。

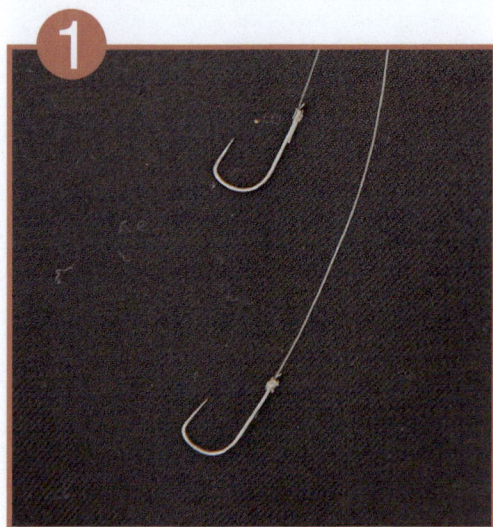

与素饵上饵的方法相同,先准备出双钩。

还是以红虫为例,搅拌好鲜活荤饵备用。

接着,将鱼钩埋在红虫饵里。

最后,将双钩向上提起确定红虫饵料挂在鱼钩上。上饵完成。

海钓上饵的方法

海钓的上饵方法与其他上饵方法又有所不同，下面我们来为大家介绍一下。

①

首先，先取适量饲料捏成球状。

②

然后，用带有弯钩的锥子从球体中心插入到底。

③

接着，如图所示，用钩子勾住子线一端的绳扣。

④

再向上勾拉子线，手部紧握饲料，以免饲料松散。

5

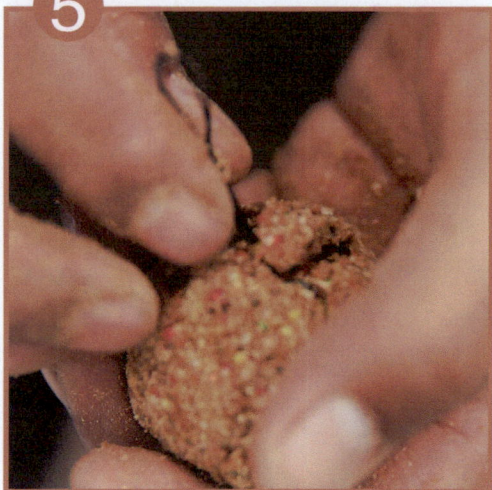

再将子线的一端拉出一段距离。

6

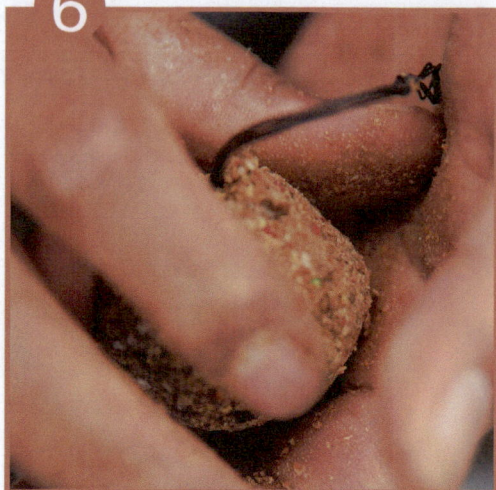

如图所示，用双手捏实饵料。

7

将钓钩从上向下插入饵料的四周。

8

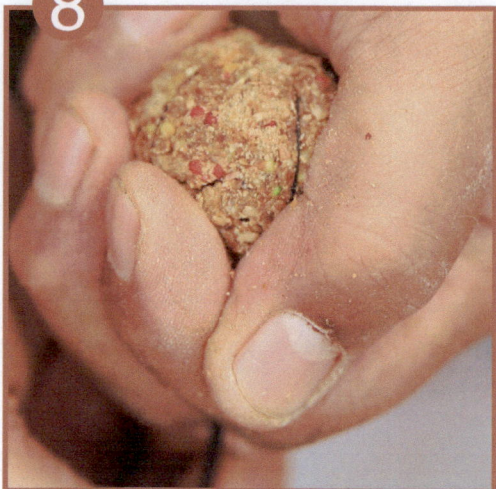

最后，用手捏紧饵料，使饵料和钓钩紧密结合。上饵完成。

2.2 辅助的钓鱼装备

在垂钓过程中，我们除了要了解必备装备的种类与使用技巧外，还要了解一些基本的辅助装备。

[钓鱼辅助装备]

当我们成功钓到目标鱼后，马上需要捞鱼、装鱼的装备，下面我们来一一介绍。

→ 鱼护

鱼护的种类较多，市场上常见的渔具大都是用多股尼龙线编织而成，也有用塑料打包带编织的鱼护，或是折叠式鱼护。在钓上鱼后，将钓到的鱼储存在鱼护中，再放到水里。这样一来鱼的成活率比较高，特别适用于炎热且气压较低的夏天。

← 水桶

如果钓的目标鱼不是很大，也可以准备一个装满该水域水的水桶，有条件的话，再加上个氧气泵打气，这样即使把鱼带回家后，鱼还是鲜活的。

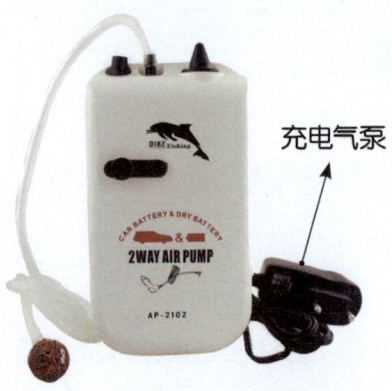

充电气泵

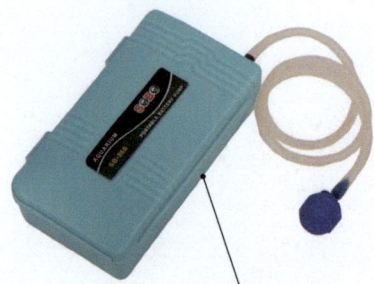

电池气泵

车载干电气泵

气泵

有了气泵，就方便给水桶里的鱼制造充足的氧气，避免造成目标鱼的死亡。在市面上常用的气泵都是用干电气泵。这种气泵操作简单易懂，适合各个年龄段的钓友。

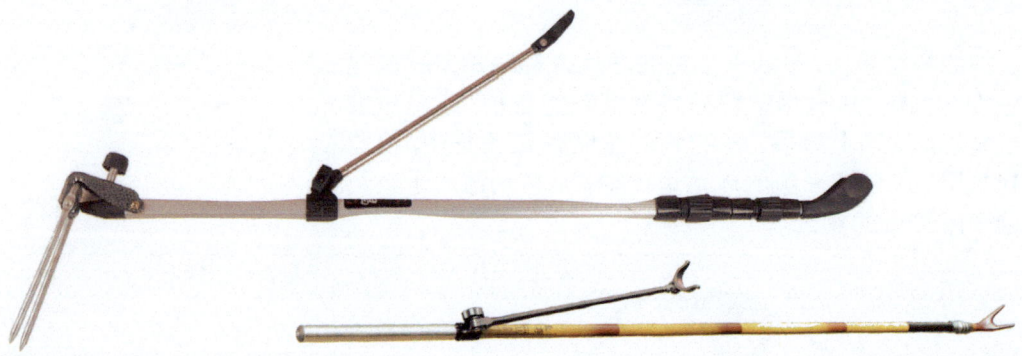

支竿架

支竿架主要用于支撑手竿和海竿，是钓鱼的重要辅助工具。支竿架的作用是把钓竿支起来，架在垂钓水域的岸边。支竿架可以减轻垂钓者的体力消耗，一般情况下垂钓者长时间手握钓竿容易疲劳，特别是在鱼儿稀少的水域中，鱼儿的咬钩概率较小，握竿时间会更长。使用支竿架还可同时照看多根钓竿，这种方法可以有效地提高垂钓效率。如果是海竿钓，就必须使用支竿架。

→ 渔具包

渔具包最早起源于日本，用于临时储存钓鱼所用工具，便于携带。现在市面上常见的渔具包有单肩背和双肩背之分。另外，多数渔具包都带有支架和饵料盒子等设施。

← 抄网

在钓到体型较大的鱼类之后，需要用抄网捞鱼上岸。抄网采用多股尼龙线编织而成，型号分为大、中、小型三种。市面上常见的抄网有圆形、三角形、梯形三种形状。圆形的抄网进入水中之后，不受角度的限制，使用起来方便灵活。三角形和梯形抄网的网圈可以折叠得很小，便于携带。

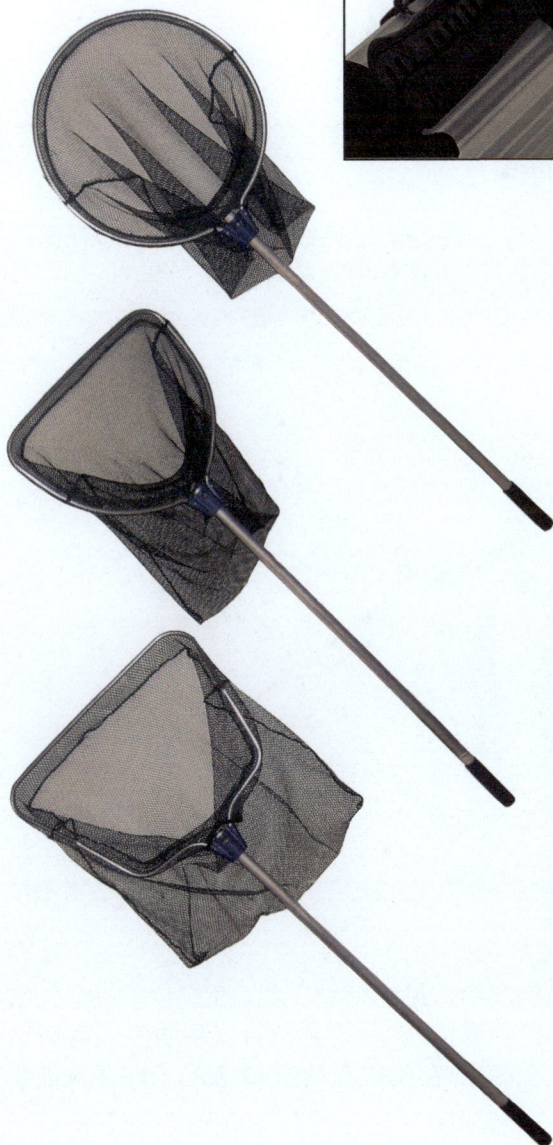

钓鱼剪刀

钓鱼剪刀一般为不锈钢材质，并带有锯齿，主要是防止鱼线打滑而剪不断。在垂钓的过程中，钓鱼剪刀适用于剪鱼线、修铅皮，适合垂钓中的各种修剪工作。

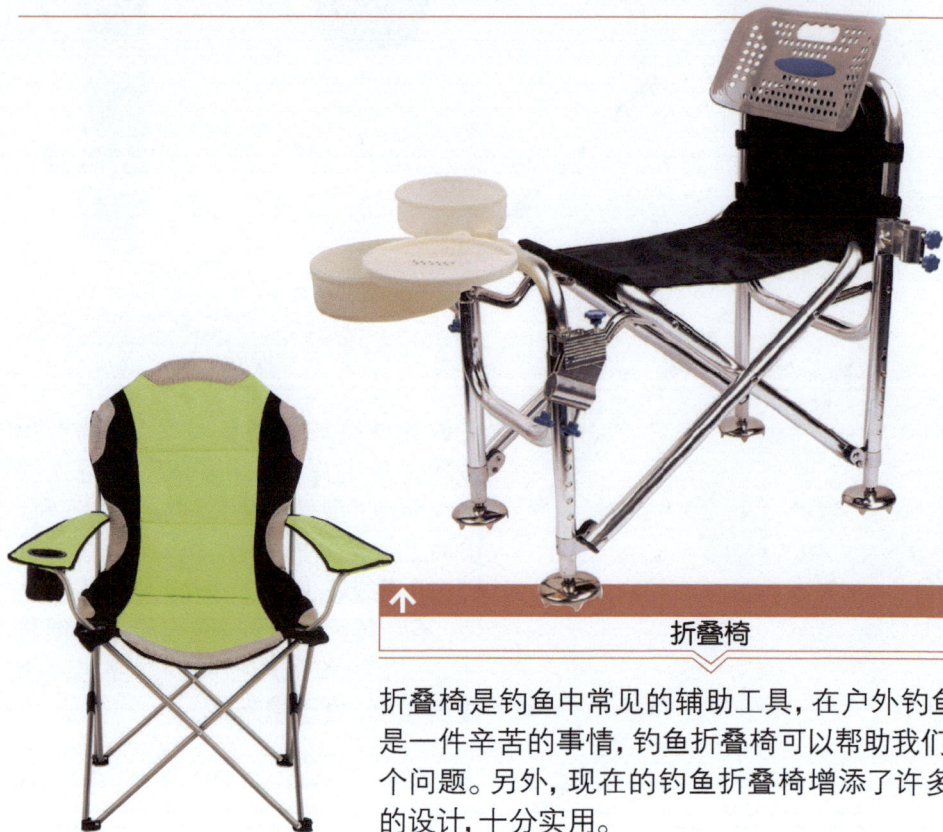

折叠椅

折叠椅是钓鱼中常见的辅助工具，在户外钓鱼，久站是一件辛苦的事情，钓鱼折叠椅可以帮助我们解决这个问题。另外，现在的钓鱼折叠椅增添了许多人性化的设计，十分实用。

撒饵器

用撒饵器撒饵，可以做到将诱饵准确无误地撒往钓点，尤其适合草丛中、水深处和远钓点垂钓。撒饵器可以使诱饵集中在一处，从而增加诱鱼的效果。而且撒饵器带饵入水时，对水面的冲击力较小，所以不会惊吓到周边的鱼群。

钓鱼灯

钓鱼灯是晚上夜钓时为了看清鱼漂的动静所使用的装备，通过钓鱼灯的照射，可以清晰地看见水面上的鱼漂，这样就方便钓友准确及时地判断出鱼情，同时也能通过照射确定水中窝点，方便垂钓。

磨石

特别针对变钝的钩尖所使用的工具。如果在垂钓时出现饵被鱼吃了但钩被吐出，竿和线没有任何动静，那么就说明钩已钝，需要磨利。通常钩的每一边磨 5~10 下，钩与磨石之间的角度呈 15° 即可。

钓箱

属于多功能装备，适用于各种情况和各年龄段的钓友。市面上钓箱的坐垫下，会设计出专放饵料的盒子，而且也有多格小储物盒，可放线组、小配件、钩、剪刀等装备。钓箱都是带靠背的，坐着也很舒服，可以省去准备折叠椅的费用，是野外垂钓时不错的选择。

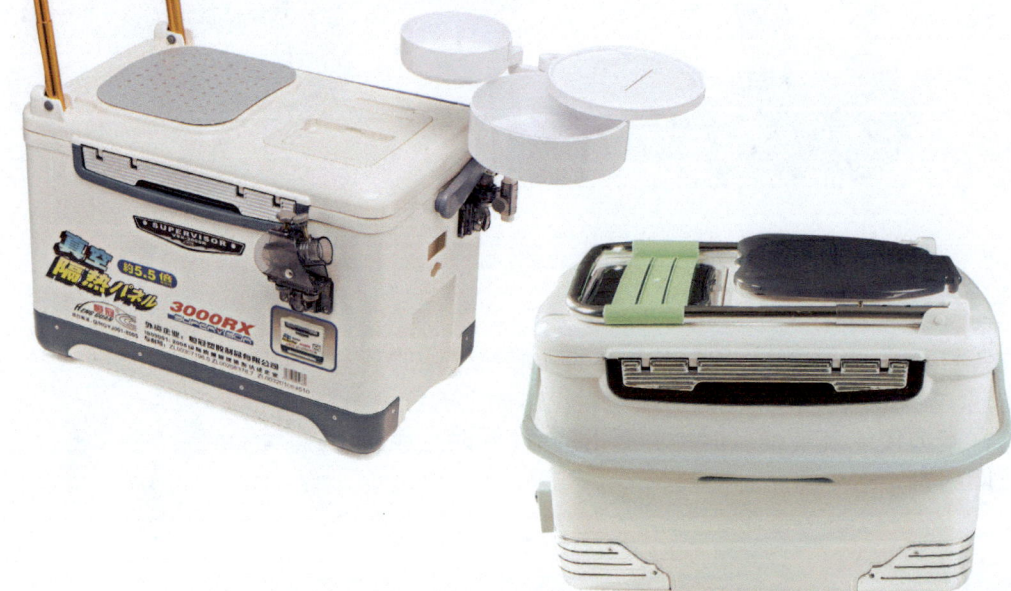

→ 渔具盒

主要用来存放垂钓时所用的小工具和小配件。常见的小工具有：小剪刀、钓鱼刀、小钳子、竿油、速干胶水、小磁铁等。常见的小配件有：大空豆、连接环、漂座、铅皮、小手电等。

↓ 拌饵盆

用来储存刚制作好的饵料，一般钓箱上有可以专门放拌饵盆的位置，可以搭配使用，方便钓鱼拿取饵料。拌饵盆的底部与手型完全一致，手握起来很舒适，使用后清洗起来也很方便，几个盆可以组合存放，节省空间，方便携带。

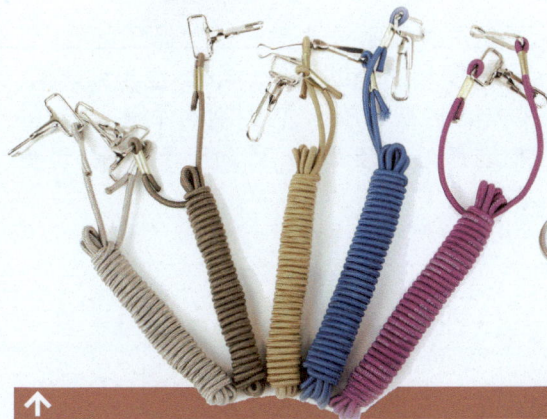

↑ 失手绳

失手绳指的是连接鱼竿与地面固定地点的物品。市面上有两种，一种是呈螺旋状的单股尼龙绳，另一种是由单股或多股皮筋制成的失手绳。它们的共同的用处是防止目标鱼把鱼竿拉入水中，同时失手绳也是遛鱼的有效装备。

[个人辅助装备]

在充分了解到钓鱼时所需的装备后，我们还需要为自己准备一些装备，毕竟是在户外，一些自我防护是必要的。

钓鱼帽

钓鱼帽的制作材质一般采用柔软舒适的速干面料，帽围可拆卸，帽顶两侧设有透气排汗网眼，具有速干、透气、遮阳、防护等作用，可有效预防钓者被紫外线晒伤、被蚊虫咬伤。

钓鱼手套

钓鱼手套能够在水中轻松地抓获鱼类，是十分便利的辅助工具。同时，也起到防滑、防电、防寒、防晒、防划割的作用。手套的材质最好选皮革的，因为皮革较厚，也更安全。

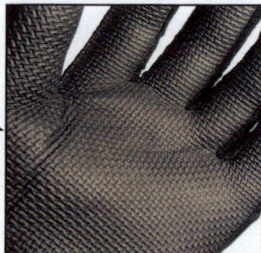

→ 救生衣

如果是船钓，无论是水库还是江河，即使会游泳，我们也应该穿上救生衣，因为一旦发生险情，即使精通水性，也很难确保安全，所以在垂钓前准备一件适合自己身形的救生衣也是事关重要的。

← 钓鱼眼镜

在垂钓时，水面上所反射的光线很容易刺伤垂钓者的眼睛，所以在垂钓前一定要选择一款适合自己的眼镜。在市面上有很多种颜色的镜片，其中黑色、茶色、灰色、绿色镜片适合在日照强烈的情况下佩戴，浅蓝色、浅灰色则适合平时佩戴。

→ 钓鱼鞋

在垂钓的时候，一般都在有水有泥的地方，难免会有些泥泞不堪，所以我们在选择钓鱼所穿的鞋时，也是有讲究的。最好选择具有防水效果和排汗功能的鞋子。

防晒霜

防晒霜是钓鱼时的必备用品。由于钓点的不定性，垂钓者经常处在无遮挡的空旷地域，紫外线对于皮肤的伤害很大。涂抹防晒霜可以减少紫外线对于皮肤的伤害。

防暑药品

夏季是中暑的高发期，温度高，湿度大。当我们垂钓时，又长期处于室外，中暑的概率更加大，所以在出发前就需要准备好必备的药品，如十滴水和风油精之类的防暑药品，关键时刻尤为好用。

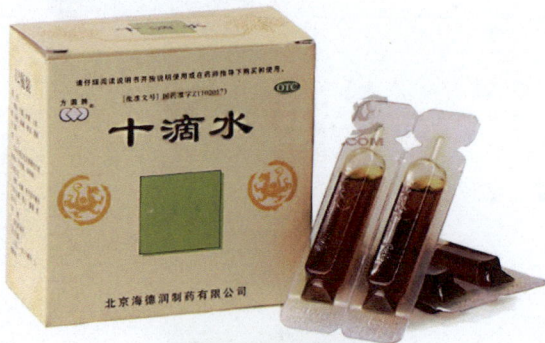

食物

在钓鱼的过程中，时间长短很难掌控，而且会感觉时间过得很快。所以要提前准备好适量的食物，可以随时补充身体所需的能量，避免因身体能量流失而导致的各种不适。把食物放在保鲜袋里保存是不错的选择。

钓鱼的技法介绍

3

OOLS INTRODUCTION

🪝 3.1 钓鱼前的准备

上一章我们了解了有关钓鱼装备的种类与用法。接下来我们介绍下有关钓鱼实战的一些知识。

钓鱼前的装备准备

必备装备

鱼竿、鱼线 、鱼钩、浮漂、铅坠、太空豆、取钩器、饵料、鱼轮（可选）、鱼护、支竿架、抄网、渔具包、渔具盒、钓箱、钓鱼帽、钓鱼眼镜。

可选装备

水桶、气泵、钓鱼剪刀、撒饵器、折叠椅、钓鱼灯、磨石、拌饵盆、失手绳、钓鱼手套、救生衣、钓鱼鞋、防暑药品、食物、防晒霜。

①

首先站在岸边观察一下水情。

②

找一些砖头，使垂钓地更平整一些。

③

抬起鱼箱向岸边移去，并放在砖头上固定住。

④

调整位置，以垂钓者可以稳妥地坐在箱子上为准。

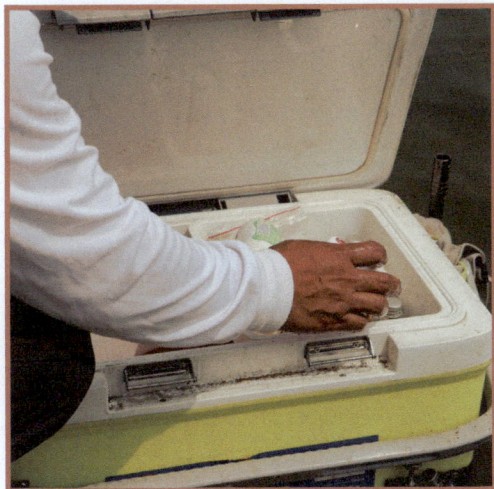

⑤

打开鱼箱，查看钓鱼所用的装备是否齐全。

⑥

根据所处的环境选取适当的鱼线。

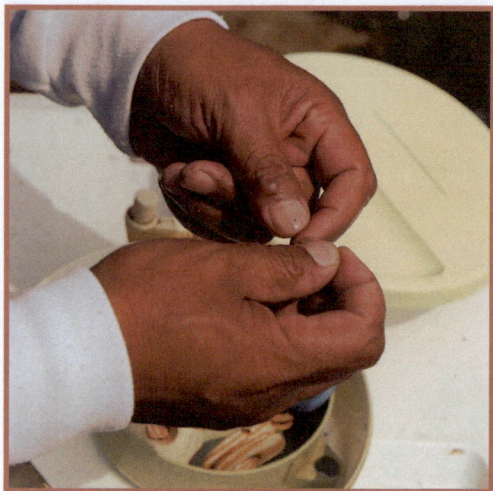

⑦

将钓线与鱼钩连接，要注意的是，打结、扣结的地方是关键所在。

⑧

在钓鱼箱的侧面将竿架固定下来。

⑨

将支撑器固定在竿架上。

⑩

保证支架的平衡，好让鱼竿更平稳地支在水面上。

3.2 如何选择合适的钓点

所谓钓点，指的是钓友们准备投钩施饵垂钓的地点。能否选择到好的钓点，直接影响到捕获量的大小，只有先熟悉水情才是选好钓点的前提。

[了解钓点]

能选择到好的钓点实在不易，对于初钓者来说，更是难上加难，需要多多积累经验。

钓点的特点

1. 必须是鱼群的栖息区

各种鱼类在不同季节有不同的栖息地，如：鲤鱼生性胆小，喜欢栖息在障碍物多或草丛水底有沟壑的水域；鲶鱼则喜欢像乱石堆或洞穴的位置；在闷热高温的时节，大多数鱼类则会选择在阴凉处或深水处栖息，所以我们在选择钓点的时候也要遵循这个规律。

2. 必须是鱼群的觅食区

觅食、嗫食是鱼的天性，为了觅食它们也会游到浮游物多的地方进行嗫食，像活水流进处、洗菜、淘米等生活污水处都是鱼儿充足的地方，容易招引一些鱼类来觅食。

3. 必须是鱼群的洄游口

有很多钓友称洄游口为"鱼道"，鱼道和水域中的地形有很大关系，像水域的狭窄处、堤岸的突起处都是鱼群必经之地。将这些地方选为钓点都能提高捕获量。

[钓点的选择]

随着四季的变化，钓点也应该有所变化。选择钓点应从实际出发，先了解好天气和水域特性再进行选择。

根据季节选择钓点

春钓

春季可以选择在池塘、湖泊或小河江进行垂钓。钓点离岸的远近也应根据时段做出相应的改变。初春的时候气温较低，适合把鱼钩置于离岸较近的水域。从春末时节到此后一段时间内，气温较高。此时就应当将鱼钩甩放到离岸较远的水域中，因为此时鱼儿喜欢在较深的水层中活动。

夏钓

夏天的天气炎热，尤其是大晴天，阳光直射水面，从上午 9 时起水面就开始升温。鱼儿也和人一样是比较怕热的，天热的时候它们都躲在大岩石、沿岸洞穴或树阴下乘凉觅食。所以钓点适合选在池塘、湖泊、江河沿岸等水面上方，且有树叶遮阳的凉爽水域。

秋钓

初秋时水温较高，大多数鱼会隐藏在深水中栖息，只能在 2 米到 3 米深处下钩。早晨和傍晚，则宜在近岸的浅水处设立钓点。

中秋过后，气温变得不冷不热，鱼儿觅食活动开始变得活跃。这样便可以全日在浅水处垂钓，特别是在阳光明媚时，浅水处的水温有所升高，此时可在 1 米左右的水层中放钩。

冬钓

由于水面被冰封住，只能在冰面上多凿几处冰孔来探测鱼情。先凿开 30 到 35 厘米的孔眼，每隔 60 到 90 厘米凿一个、凿 4 到 5 个，形成扇形或梯形排列作为一组。可凿几组以便观察判断，再从中选出符合要求的一组作为钓点。选定钓点后，即可在每个孔眼放一副钓竿，开始垂钓。

根据食物源多少选择钓点

在自然水域中，和周围环境有所差异的地方，是比较容易聚集食物的，所以这种地方就是首选的钓点。还有，一般在投放草料的地方，是钓不到鲫鱼的，因为此处多是鲤鱼、草鱼，而在草料较远的地方，常有鲫鱼上钩。

根据天气情况选择钓点

不同的天气，不仅影响鱼的摄食，还会改变其所栖息的地点。造成这种情况的原因是因为鱼会因天气的冷热而选择在深水处或浅水处活动。一般鱼类会在夜晚靠近岸边有水草的水域，而白天尤其是中午则会在深水处觅食。

根据水域地形选择钓点

在选择钓点前，必须要先看清所在水域的地形，才能事半功倍。钓点的选择还要依据所钓水域的自然环境和具体条件来综合考虑。我们通过几个例子来说明一下。

小河钓点

选择小河作为钓点，要选择深浅适宜的地方。上连湖泊，下连水库为宜。因为每到春天，都会有大量的鱼在此产卵，所以特别适合做钓点。

河川钓点

河川中适合作钓点的一般有三处，一是主河道附近，二是支流处，三是小沟汊附近。通常下钩时要把钓饵递到窝子前方 20cm~30cm 处为宜。

根据地质选择钓点

不仅池塘、湖泊、水库的地质会有不同,就连同一区域地质也是不同的。有的区域是泥土的,有的区域是泥沙的,甚至还会有砂石区域。泥土地段,土质肥沃,水生物多,适合钓鲤鱼。像砂石区域就不适合当钓点。

根据"鱼星"选择钓点

草鱼"鱼星"解读

草鱼的鱼星多为单泡,大小不一,个数较多,常常是形成 3cm~5cm 的泡沫片。

鲫鱼"鱼星"解读

鲫鱼的鱼星多为细小而密集的小泡,范围较小,由 3~5 个单泡组成,一般呈米粒大小,且大小基本一致。

鲤鱼"鱼星"解读

由于鲤鱼喜欢掘泥寻食,在拱水底的污泥时,会产生大量的水泡,鱼星多,较密集且连续成串地移动,出水后成泡团,这就说明有鲤鱼在水下。

根据鱼情选择钓点

当鱼进入繁殖期的时候,特别是在春末到仲夏期间的早晚,鱼儿经常会跳出水面。

当鱼遇到障碍物的时候,经常会翻出水面从而激起浪花,这种情况俗称翻花。如果发现有鱼弄水翻花的,那么这里就是鱼的栖息地。

根据水草选择钓点

水草让鱼更隐蔽

鱼喜欢栖息在水草茂盛的地方，有水草的遮挡，鱼才能更好地隐藏在水底不被发现。

水草让水里的溶氧量更充足

水草的光合作用可以释放大量的氧气，使鱼可以在水底更好地生活。

水草让鱼的饵料更丰富

水草周边的水一般都比较浅，而且还有大量的浮游生物在附近徘徊，如小鱼、小虾等，这种浮游生物正是各类鱼的最爱。而且很多水草本来就是各类鱼的饵料，丰富的水草可以吸引各类鱼前来觅食，所以水草周边也是最佳钓点。

水草是鱼最佳的繁殖场所

水草是鱼类天然的产床，大多数鱼类都喜欢在水草上产卵。每到繁殖的季节，鱼类就会在水草附近嬉戏、交配。

根据水情选择钓点

观察水纹

水面过于平静，没有小鱼在活动，说明水下可能无鱼或鱼不吃食；水面泛起涟漪，有鱼不时打出水花、漩涡或嬉戏，说明水下鱼很多；在水面嬉戏的鱼突然受惊，四处逃窜，说明有大鱼正在活动觅食；有鱼群在水面嚼水，说明水里缺少氧气，此处的鱼不会进食。

观察水温

水的温差变化受空气湿度影响，水温的升高和降低都会比空气慢。在炎热的夏季，气温高达 35℃ ~40℃，但水下的温度只有几度就是这个道理。

观察水色

水过于清澈，说明水下无鱼或鱼少。如果在河中垂钓，适合垂钓的水色以淡绿色、淡蓝色或淡青色为宜。池塘中则以淡白色、淡褐色、淡绿色或稍微有些浑浊的水为宜。

嗅水味

在垂钓前，在下风口的位置，嗅一下从水面吹来的风有没有鱼腥味。鱼腥味越浓，说明水下的鱼越多。

观察水鸟

白鹭、水鸭和鸬鹚等都是专食小鱼的鸟类。如果可以看到钓点附近有这些鸟时而在栖息、时而在空中盘旋、时而在水面戏水，说明此处的鱼群比较活跃，是最佳的钓鱼位置。

不适合成为钓点的水域

1. 水质过于清澈的水域

一眼见底的水域说明水质瘦，没有浮游生物的存在，自然来此觅食的鱼也不会多。

2. 水质过于浑浊的水域

水质过于浑浊，说明水域的能见度低，鱼在此不易发现钓饵和诱饵，也不利于垂钓。

3. 水浅、水色浑浊的水域

水浅或水色浑浊的水域很难有水草或浮游生物存活，所以一般鱼儿不会来此觅食。

4. 无活水的水域

通常指的是一些水坑地段，水质瘦，很少有人放鱼，所以不适合垂钓。

4. 三面环山的水域

由于这种地方阳光照射水面的时间不长，风又小，所以水的温度较低，不适合鱼类的生长。

6. 水草生长过于茂盛的水域

水草过于茂盛，鱼在里面就会活动不便，难以咬饵，而且对于垂钓者来说，容易挂草和跑鱼。

7. 树木过于密集之处

这种区域树叶容易垂入水中，对于伸竿、收竿和提鱼十分不便。还可能造成挂钩的现象。

8. 堤岸陡峭处

堤岸陡峭处往往水都很深，这样的区域容易出现大鱼，但由于陡峭，很难抄鱼，比较容易出意外。

9. 嘈杂的水域

垂钓不易选在景点的水域，由于人多车多，声音嘈杂，容易惊吓到鱼类，使鱼不敢咬钩。

10. 高压线下的水域

垂钓时应远离高压线，避免扬竿时挂线。如果使用的是碳素竿，又沾了水，则很容易被电到。

3.3 打窝子的技法

打窝子是为了将分散在各处的鱼集聚到指定的钓点。需要注意的是我们打算钓什么鱼就要用相应的诱饵去打窝子。

打窝方法

常用的打窝方法有四种：手投法、罐撒法、诱饵和钓饵合二为一法以及直接送入法。下面我们来逐个介绍。

手投法

优缺点

手投法是几种投法中最省事的一种投法。但当饵料入水的时候容易惊扰到鱼类，而且浪费较大，这是它的缺点。如果饵料的黏度较大、海竿钓近水或需要打大窝的时候，用手投法则是最方便快捷的方法。

方法

手投法是将钩和漂儿甩到选定的水域，再将诱饵制成松散的团，对准所选择的水域，用手将诱饵投到浮漂前半尺左右的地方即可（在有水流的地方垂钓时，诱饵还要根据水流的速度和水的深度适当向上游移动一段距离，以使诱饵被顺流冲到浮漂四周）。采用这种方法需要钓友投掷准确，一旦投掷不准或者四处"开花"，则起不到作用。根据上述的方法连续几次后，停止投饵等待一段时间，若不见鱼上浮吃食，说明此处无鱼，应另寻钓点。

适合的诱饵

麦麸子、豆饼块、黄豆粉、玉米面及酒糟等适合作为手投法的诱饵。

1

把放在盆中的诱饵，揉搓成球状，找好钓点准备打窝。

2

利用手臂的惯性，把诱饵抛入到指定钓点的附近。

3

将诱饵撒入水中后，观察水面是否有鱼儿上浮吃食，然后再决定是否还需要撒饵。

罐撒法

优缺点

罐撒法主要分竿梢式和悬吊式两种，干梢式适合长竿短线的草塘，悬吊式则适合齐竿线的水域，尤其是选择用长竿短线"续漂儿"的方式垂钓。用罐撒窝后，其钓鱼效果甚佳。还有钓友会采用窝子罐打窝子，来增加撒饵的准确率。

方法

罐撒法是比较常用的方法。先将窝子罐的尾线套在铅坠以上的钓线上。再将尾线上的塑料管向上移动紧靠钓线（注意，塑料管必须与尾线配合紧密），然后向罐内装入诱饵。将鱼钩挂在窝子罐的梁上，向罐内加水，使诱饵全部被水渗透。然后用钓竿将罐提至垂钓水域，让罐缓缓入水下沉，直至水底。然后放松掉线使鱼钩脱离罐梁，再将钓竿慢慢提起，使罐翻转，将诱饵倒入水底。继续提竿，使罐底向上，诱饵全部倒在选中的水域。最后将罐提出水面，把尾线塑料管向下移动，使尾线脱离脑线。此后即可开始在钩上装挂钩饵垂钓。

适合的诱饵

小米、玉米渣和碎大米渣等适合作为罐撒法的诱饵。

两种打窝器的制作方法

竿梢式打窝器的制作方法如下。
找一个乒乓球挖去顶端，装料孔和五角钱硬币大小差不多，在孔下方中心线的两侧各烫一个插竿梢的小眼，小眼的直径要比竿梢略大一点即可。在使用时将小罐插入竿头并卡紧，待装满饵料后，由钓竿送至窝点水面，再转动钓竿将诱饵倒入水中就行了。成品和右边打窝器的使用方法一样。

悬吊式打窝器的制作方法如下。

1

用剪刀沿瓶口方向至瓶底 13~15 厘米处剪断，备用。

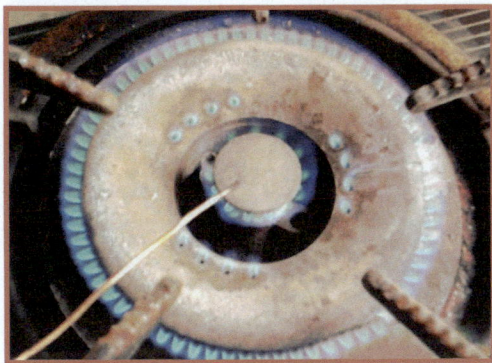

2

将铁丝放在煤气灶上烧红一端，另一边不烧，备用。

3

用烧红的铁丝在瓶颈处烫上小孔，普通450 毫升的瓶子烫 8 个孔就行，孔不要烫的太大，直径 2 毫米即可。

4

然后，再用烧红的铁丝在瓶子的切口处，沿瓶的直径烫上两个小孔，目的是为了装提杆。注意，只有将瓶子的切开口分成大致相同的两半，做成的打窝器才能保持平衡。

⑤

然后在瓶口的盖子上扎上一个小眼，并在小眼里穿一根粗线，最后打结以防线从瓶盖中脱落。

⑥

准备一根一米左右长的钓线，穿过瓶盖上的小眼并系个结，或穿个太空豆以防瓶盖脱落。

⑦

如图，在瓶子的切口处装上提杆，用钳子将铁丝和瓶的连接处夹紧一些，这样，打窝器的主体就完成了。

⑧

在钓线的中间部分绑上一个不用的鱼钩，鱼钩下端是瓶盖。

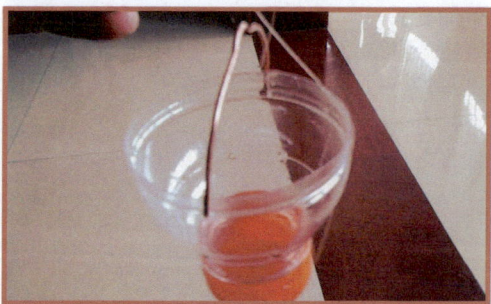

⑨

最后，把鱼钩挂在提梁上，在粗线的适当位置上打一个结，保持与瓶口呈水平状态，与提梁形成一个连接环即可。

打窝器的使用方法

将装有诱饵的打窝器送到钓点的上方，松线，鱼钩就会自然从提梁上脱落，再稍稍提竿，带动盖子上的粗线，打窝器就会被打翻，从而诱饵就会落入钓点中，这就完成了打窝。在使用图中的打窝器时，可以把诱饵倒入水里，使诱饵缓缓下沉，也可以直接把打窝器放入水底打窝。

诱饵、钓饵合一法

方法

这种方法是指把诱饵、钓饵合成一种饵料，内里装钓饵，外层包裹糟食做诱饵。在入水几分钟后，糟食会散落水底，钓饵仍会留在鱼钩上。每隔几分钟上一次饵，这种上饵与撒窝差不多，就是缩短了发窝（发窝就是鱼进窝吃食，窝中开始冒泡）的时间。这种方法适合钓个头较大的鱼类。

直接送入法

方法

这种打窝方法需要在出发前先把窝料配置好，在现场准备垂钓前加水调和成大枣大小备用。将调好的面团捏在铅坠或鱼钩上，以不会轻易散开为标准。接着用鱼竿将诱饵送到窝点，并缓缓放入水底，然后轻轻敲打鱼竿使诱饵自行掉落在钓点的位置。连续几次后，即可开始正式垂钓。

打窝子时的注意事项

1. 注意钓点的选择

需要根据所处的季节、鱼情、气候、水情和风向等选定垂钓地点，然后在选择的钓点中打窝子。

5m

2. 注意对窝子的观察

人们钓鱼投诱饵之前，一定要对窝子口进行勘探，要弄清楚水域的深浅，还要知道水底是否平坦，有无杂草、乱石或其他障碍物。一般情况下用钓线测水的深浅，当水线试好以后，再将空钩抛入钓点附近约1平方米内各处去试，再根据漂浮的状况，就可以确定水底是否平坦；根据鱼钩有没有挂草或其他东西，可判断出水底有无杂草或障碍物。当确认所选垂钓地点的水底较平整且无杂草等障碍物时，便可以开始打窝子。

3. 注意诱饵的选择

根据所在鱼池中鱼的类型选择适合的诱饵。肉食性鱼类喜欢吃荤腥饵料，草鱼喜欢青草，鳙鱼爱酸臭味等。

4. 注意窝子数量的选择

在鱼儿聚集的地方可以打1至2个窝子；在水域广阔、鱼儿稀少的地方，可打3至4个窝子，然后对每个窝子依次进行垂钓，哪个窝子钓上的鱼多一些，就一直在那个窝子进行垂钓。

5. 注意饵料用量的选择

在水面大、水深的地方，饵料要撒得多一些。相反水面小、水浅的地方，饵料可撒得少些。

6. 注意打窝子的位置

在打窝子的时候，可以在窝点的前后打好记号，这样便可以准确地下钩了。也可以选择在岸边用木棍做个记号，并寻找对岸与窝子正对的参照物（如小山、石头、草丛、树木、电线竿均可）。窝点在三者的中间，一定要让记号、钓点、参照物在一条直线上，再用鱼竿准确地量出钓点到岸边的距离，并记牢。

7. 注意看准发窝的时机

刚打窝子后一定不要急于下竿，等到发窝时再下竿。"发窝"就是指鱼群已进入窝点开始吃饵，窝中有鱼星冒出。

8. 注意看准发窝的时机

钓鱼的时候要陆续添加诱饵，让来了的鱼儿不走，远处的鱼儿才会继续游来。

补窝子的注意事项

1. 手法

钓鱼的时候一定要及时观察鱼儿吃饵料的情况，再根据饵料流失情况来补撒窝子。补撒诱饵时采用少、轻、勤的手法。

2. 数量

补撒的诱饵应比第一次下窝的数量少。之前一些鱼儿在窝里吃了不少饵料、有的已经半饱了，继续撒太多的饵食，那么当鱼儿吃饱后必定不会再咬钩。如果窝子里本来就没有鱼来吃饵料说明此处无鱼，那么继续补窝子便是浪费饵料。

3. 过程

整个补窝过程动作要轻，人们走路、讲话、饵料入水时产生的声音太大都会惊扰到鱼儿。在补窝的时候很有可能窝子里及周围已有鱼出没，如补窝的动静太大，会惊走鱼儿。

4. 技巧

能让鱼儿留在窝里不断上钩，还需要勤补。如在第一个窝内钓了几条鱼后转钓第二个窝的时候，再去第一个窝轻轻地追补些饵料，以便之后再钓。这样轮钓、勤补，可引诱鱼儿不断进窝。

🪝 3.4 挂钓饵的技法

钓饵对垂钓收获影响很大，挂钓饵是否得当也是不可忽视的关键条件。下面介绍几种常用钓饵的挂法。

[面食的挂法]

先确定面食钓饵的大小，再根据鱼钩的大小和面食的软硬进行挂饵。通常是大钩挂体积大的面食，小钩挂体积小的面食；面软挂体积大的面食，面硬则挂适体积小一些的面食。在钓大鱼时，需要做到钓饵全部包住鱼钩，而钓小鱼时，可将面食挂在钩尖上。面食的形状最好是球状、团状、梨形、圆柱形这几种。需要特别注意的是：为了方便鱼类咬钩，所挂的面食不要露出钩尖。

[瓜果类的挂法]

生活中常见的蔬菜和水果，如草莓、香蕉、桑葚、菠萝、南瓜、甘薯、土豆等，都可以作为钓饵。其中，像草莓和桑葚这类体积较小的水果，可直接装钩；香蕉及香蕉皮可切成小块备用；南瓜、甘薯、土豆这类食物，需要烤或煮到半熟后，再切成小块，装钩使用。

[饭粒、麦粒、豆粒等的挂法]

在给饭粒装钩时，需要钩尖慢慢刺入，不要让饭粒开裂，只使钩尖微露即可。

麦粒饵是指用富含浆汁的未成熟的青麦粒直接装钩，也可将青麦粒用白酒泡后再用，其味更清香。成熟的麦粒应先浸泡，然后煮熟再用。装钩时钩尖从麦粒中部横向穿透，只微露钩尖即可。

用豆粒做诱饵，一般选用黄豆、青豆、豌豆等。未成熟的嫩豆可直接装钩，老豆需蒸煮后，再用白酒浸泡，效果更好。装钩时，钩尖横向穿透豆粒的腹部，略露钩尖即可。

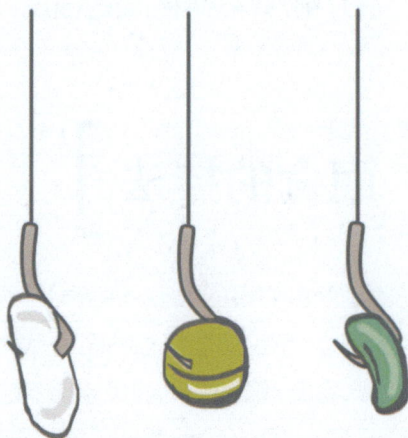

[蚯蚓的挂法]

用蚯蚓做诱饵时，最好用穿筒挂法挂整条的活蚯蚓，使其在水底蠕动，吸引鱼儿的视线。如果鱼钩较小，便可以将蚯蚓一分为二，从断处挂钩。最好不要将蚯蚓拍死再挂钩。另外，挂蚯蚓还要求"前不露钩尖，后不露肉"。若前露尖，鱼类则不肯进食；若后露肉，鱼类喜欢从此处啄食。

介绍其他几种的蚯蚓挂法。

1. 缠绕挂：取一整条蚯蚓用钩尖横向从蚯蚓的五分之二的位置穿过，将蚯蚓缠绕一圈后，再用钩尖横向穿过，直至把整条蚯蚓都缠上即可。

2. 节挂：　将蚯蚓切成约1厘米的小段，直接挂在钩尖即可。也可以一个钩子上挂两节到四节，这种挂法适合钓浅水边的小鲫鱼等小型鱼类。

[虾的挂法]

用小虾做钓饵时，一定要从虾尾向虾头方向挂钩。挂钩前需把虾须去掉，防止小鱼啄食虾须。

而用大虾做钓饵的时候，需要先去掉虾壳，然后从虾的中间剪开，再继续剪成小块或小条，最后再挂到鱼钩上即可。这种块条挂法主要适用于手竿钓鲤鱼的时候用。

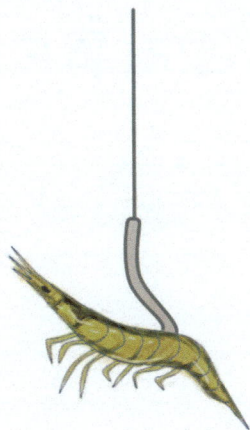

[小鱼的挂法]

钓鳜鱼的时候多以小活鱼为饵。鳜鱼性猛，嘴大，主要以肉食为主，在水中多以小鱼、小虾等为食。挂小鱼当诱饵时要顺脊背向鱼头方向挂钩。

[红虫的挂法]

在北方冬季，通常需要破冰垂钓。和早春一样，钓鱼一般选用红虫做钓饵。而且红虫的色泽鲜艳、醒目。虽然冬季和早春气候寒冷，鱼儿活动能力较差，但鱼一旦发现红虫后仍要品尝一番。挂红虫的时候一般将五六根红虫（多一些也可以，根据鱼钩和红虫大小而定）用红线捆在一起挂在鱼钩上。

[面包虫、青虫的挂法]

面包虫、青虫在装钩时，可以从它们的头部刺入，像装蚯蚓的方法一样，但要盖住钩尖。也可以采用竖穿2、3条，再横穿1条的方法使它们的躯体一半盖住钩尖，一半呈下垂状。这种挂法适合用于钓大体积的鱼类。

青虫个体大小不一，装钩时则要从青虫肛门刺入，穿透虫体，使钩尖微露，也可将青虫尾端横向钩住，悬于钩上。

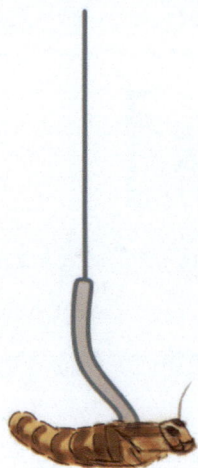

[蚂蚱、蟋蟀的挂法]

给蚂蚱、蟋蟀装钩时，应将它们的翅膀和大腿等四肢先去掉，然后把钩尖从颈部刺入，直至尾部，只要做到不使钩尖外露便可以。

[蝇蛆的挂法]

用蝇蛆当饵料，装钩时不必截断，可整条装钩。装钩的方法有两个，一是从蝇蛆的尾部刺入，蝇蛆的尾部粗大、平坦，并且上有三个小孔，钩尖可从一孔刺入，经腹部自头部透出；二是从头部刺入法，蝇蛆头部很尖细，钩尖横穿头部，露出倒刺即可。还可以一钩装多条蝇蛆。

3.5 甩竿的技法

甩竿技法的选择，除了要依据周围的环境之外，还可根据钓友的个人习惯来决定。

手竿甩竿

手竿甩竿一般分为4种方法：大回环甩竿法、半回环甩竿法、小回环甩竿法和送入法。

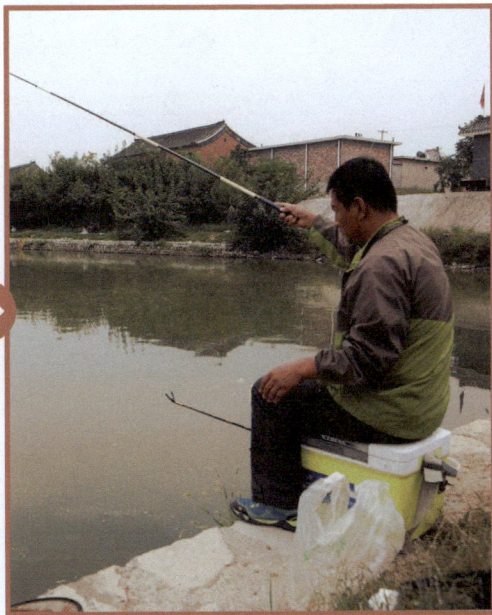

大回环甩竿适合在湖（河）面开阔、岸边周围无障碍的场地进行。

如果钓点周围的岸边有障碍物，则不适合采用大回环甩竿的方法，这个时候可以选用半回环甩竿法或小回环甩竿法，这个方法同样要求钓区上面的空间不能有障碍物。

如果垂钓区域空间有障碍物，或钓区岸边人员拥挤，在这种情况下，采用送入法最为妥当。用此法再配合使用标准长度的钓线最为适宜。它的操作要领是：右手握竿，左手轻轻拉紧钓线，然后右手抬竿，左手同时撤线，利用竿尖的弹力轻轻将钩、漂儿送至预定地点。用这种方法的优点是准确、轻松，不妨碍他人垂钓。

[海竿和两用竿的甩竿方法]

①

钓友用右手握住绕线轮的基座，用无名指与中指夹住绕线轮基座。再用右手食指钩住钓线，紧贴海竿，同时左手翻转绕线轮出线环。

②

接着，将竿举起向身后仰30～45度角。当竿尖位于头上时，再向前甩竿，松开右手食指，钩、坠被甩出。

③

待钩、坠甩出后，钓竿与水平面保持在45度角左右，使钓线自动脱出卷线盘，直至钩、坠入水。

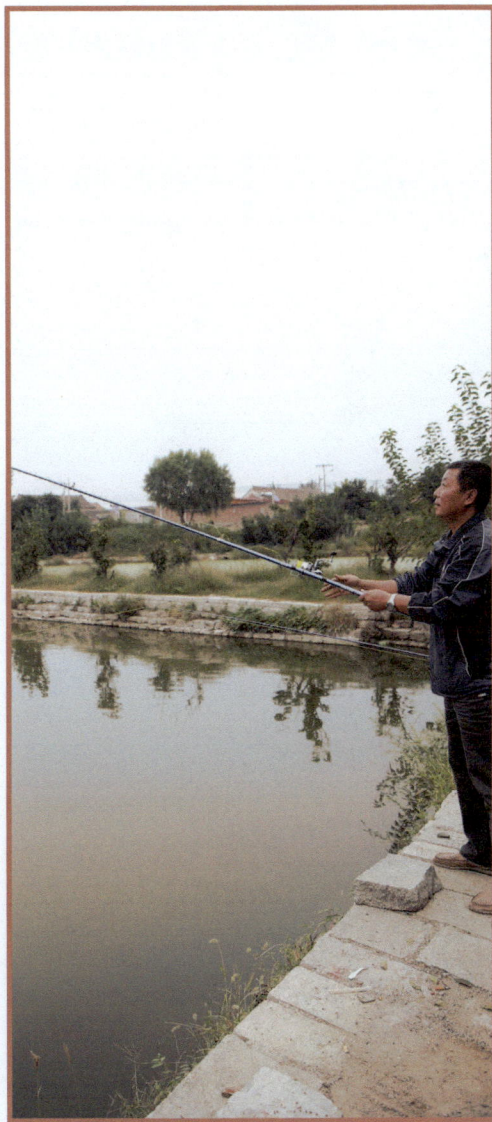

④

最后等钩、坠入水沉底后，将绕线轮出线环拨回原位，再将钓竿架好，并右手摇轮收紧钓线。之后再将小铃夹于竿尖即可。

3.6 投竿的技法

投竿指的是把鱼饵甩到指定的地方。对于新手来说，投竿看似简单，但和钓鱼老手相比，准确度有很大差距，因此必须多加练习，掌握投竿的要领。

投竿方法

手竿的投竿法主要有：弹送法、荡送法、顶甩法和双手投送法。海竿的投竿法主要有：后抛法、侧抛法、斜抛法、前抛法和双臂劈投法。

手竿的投竿方法

1. 弹送法

弹送法是最常用的投竿方法。首先，垂钓者面对水面，右脚向前跨半步，右手紧握竿柄，左手握住饵钩和铅坠，接着用握竿的右手将钓竿竿头向右拉开，使钓线拉直绷紧，直至将竿体弯成弓状，形成很大的弧度。此时突然将左手松开，让饵钩和铅坠弹向正前方远处的预定水域。

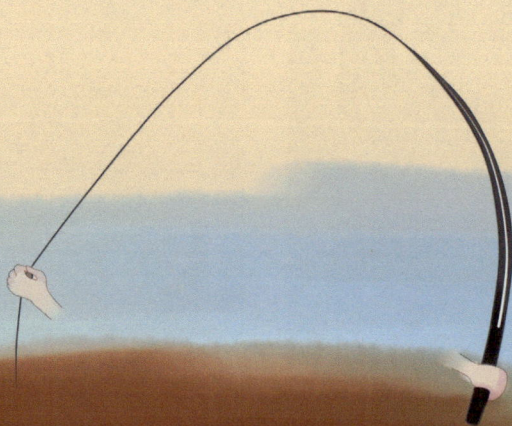

2. 荡送法

当手竿和钓线都比较短的时候，则适合采用荡送法。这种方法与弹送法的不同之处在于竿和钓线都较短，而且甩出的力度稍小，所产生的角度不同。

在扬竿时，钓友右脚向前跨半步，右手紧握竿柄，将竿与水面平行端直，再将竿向右侧移动 30 度，左手拿着饵钩和铅坠向左侧移动，将掉线拉牢，同时用右手将竿梢弯成弓状绷紧。然后左手松开，右手乘势将饵钩向前方甩出，使其落入正前方的钓点水域即可。

3. 顶甩法

钓友面向左侧移动 45 度，双脚分开站立，两脚相距约 30 厘米。左手握住饵钩、铅坠，伸向身后横拉开，右手紧握竿柄并高高举向头顶，使身体与手臂成一直线，然后将竿向钓点方向前倾，使钓线拉直，并逐渐绷紧，让钓竿弯成弓形，弓背朝向钓点。此时左手突然放开，右手同时向钓点方向甩动，使饵钩和铅坠从上方弹向远处钓点。此法挥动幅度大，而且需要弹力较强的竿。

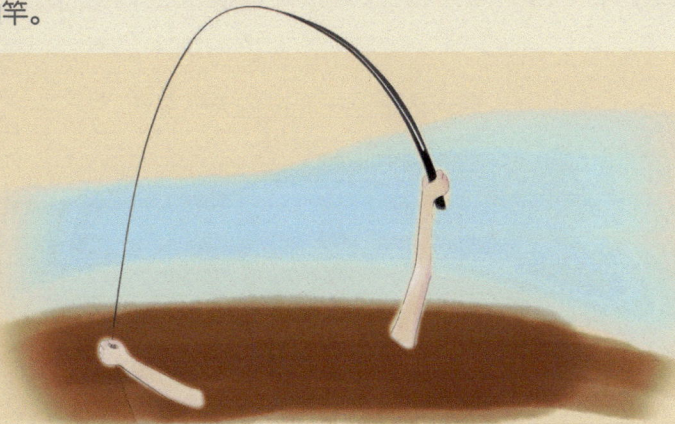

4. 双手投送法

钓友双脚分开，双脚距离 30 到 40 厘米（使用此法须特别注意要站稳，与水域保持较大的距离，以防落水）。用右手握牢竿柄根部，再用左手握在距离右手约 25 厘米处的竿柄处，然后将竿提起，让饵钩和铅坠离开地面，接着轻轻晃动竿体，使钓线连同钓饵连续晃荡几次后再荡往身后，再从头顶后方用力向前挥竿，甩向正前方远处的钓点水域。

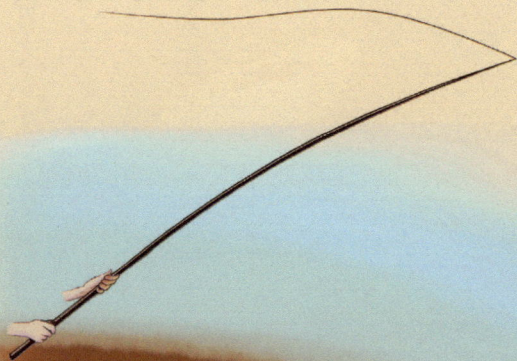

5. 几种投竿方法的优势

弹送法	便于操作，并且能使钓饵的落点远而准确。
荡送法	荡送法适合在无风的天气操作。
顶甩法	适合逆风的时候，且钓点又较远的情况下使用。
双手投送法	投甩力度大，抛投的距离远。

海竿的投竿方法

1. 后抛法

钓友的身体正对前方钓点,右脚后移半步,双手将竿举过右肩,使饵钩、铅坠都荡向身后,双手略偏向左方,全身的重心落在左脚。挥竿前,用手指扣压住绕线轮。以上动作到位后即向正前方挥动钓竿,当饵钩等从头顶划过时,及时放开扣压绕线轮的手指,让钓线甩出,同时将左手收至离右手约30厘米处,压竿向前,使饵钩、铅坠平稳自然地抛投至远处的钓点。

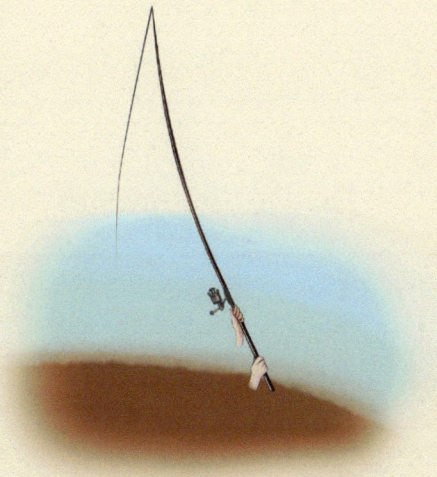

2. 侧抛法

垂钓者面对正前方的目标水域,右脚向后退半步,将钓竿握好放置在身体的右后侧,让竿梢向下倾斜至接近地面。将身体重心移至左脚,左手捏住竿的根柄部,右手握在离左手30到40厘米的竿处并发力将竿上举且压向前方,同时放开压线的手指,使饵钩等由头顶越过并向前快速抛出,平稳地落入远处水域之中,达到预期的抛钩要求。

3. 斜抛法

投甩时，钓友随着身体的转动开始甩竿，当身体面对目标水域时，右手向前推送钓竿。其他的技巧和后抛法与侧抛法相同。

4. 前抛法

钓友身体正对想要垂钓的水域，右手握住竿柄，将竿体置于身体的前面，让其与水面平行，再用左手握住饵钩和铅坠，向左后方拉直线，并进一步拉紧，使竿体弯成弓形，然后将钓竿向右上方挥提，同时松开左手，让竿尖将钩、坠弹向正前方的钓点水域。前抛法的操作简单，是垂钓者采用比较多的一种方法。

5. 双手劈投法

钓友的双脚分开站立，两脚距离30厘米左右，双手握住海竿根部，并用手指扣住绕线轮。双手将竿举过头顶，使饵钩和铅坠垂向身后，然后眼看前方远处的钓点握竿的双手朝前劈下，就像双手举斧劈柴的姿势将竿向下挥，同时松开压住绕线轮的手指放线，使钓线和饵钩从身后腾起，沿上空划出180度轨迹向前方平落下去，直至竿体与水面平行，钓线平稳自然地落入正前方的远处水域。

6. 几种投竿方法的优势

后抛法	适合在钓点周围没有障碍物或人的情况下使用。
侧抛法	适合钓位上空有树枝、电线等障碍物的地方。
斜抛法	钩、坠都能投得很远，投出的距离容易控制。
前抛法	钓点周围狭窄、钓点距离较近、不需要投得很远时采用。
双手劈投法	适合钓点距离远、要求抛甩的落点很准确的情况。

3.7 提竿的技法

提竿早了，鱼儿尚未入口；提竿晚了，鱼已吐钩而去。只有当浮漂被送出或拉下水面时即可提竿。

提竿时机

提竿的最佳时机就是鱼儿摄食入口将要游走的一瞬间。在这个时候、钩在鱼的口中，及时提竿钓获的可能性极高。

与提竿时机有关的几大因素

1. 与所钓鱼类有关

通常鱼类不同，提竿的时机也会不同。例如鲫鱼，在发现食物后，慢慢地游动靠近，俯头抬尾将食物慢慢地吸进口中，然后抬头上浮，一边咀嚼一遍快速游走，如果感觉吞进口中的食物有异样，会将食物立刻吐出来。这个过程表现在浮漂上是先上下抖动，然后轻轻下沉，随即明显上浮，这就是在送漂，此时提竿，时机最好，命中率也最高。

例如鲤鱼，这种体型修长的鱼类咬钩后，浮漂会上下抖动，当晃动的幅度较大时，浮漂就会出现呈斜向运动的情况。然后慢慢沉入水中，显得较沉重，此时提竿最佳。

还有像黑鱼这种比较凶猛的鱼类，口裂较大，并且非常馋，一般情况下吞钩都比较狠，咬上一口拖着便走，鱼钩刺进喉部，很少能吐出来，即使提竿稍迟些也无妨。

2. 与钓饵的软硬度有关

饵料硬度较强时，提竿可以略晚一些；相反当钓饵较软时，提竿则应稍早些。

3. 与季节有关

初春、冬季适合早一些出去垂钓，夏、秋两季适合晚一些垂钓。初春时节气温比较低，鱼儿经过一冬的休眠并开始活动，活动范围比较小，摄食动作也轻，咬食时很少出现大幅度沉浮，这时提竿不宜迟，以早为好。春、夏季是鱼儿产卵、活动较为活跃的时期，鱼儿咬钩动作很大，可以按常规提竿，送漂即提，不需要太早。冬季鱼儿或在深水避寒，或进入冬眠状态，少有摄食，且动作幅度很小，一旦有浮漂移动信号，就应立即起竿。

4. 与鱼坠的轻重有关

比较重的铅坠反应很慢，应早些提竿；相反比较轻的吊坠反应灵敏，可迟些提竿。

5. 与水的深浅有关

在浅水垂钓或水表浮钓时提竿宜迟。浅水垂钓的时候，因为水线短，漂反应灵活，鱼吞钩尚未牢，漂就已送上来了，所以提竿宜迟不宜早，提早了容易跑鱼。反之则提竿宜早。深水垂钓正相反，因为水线长，漂的反应很慢，提竿宜早不宜迟。

[**提竿方法**] 通常提竿由"抖竿刺鱼"和"提竿出水"两个动作组成。对于新手来说，只要多加练习，必定事半功倍。

提竿方法介绍

抖竿刺鱼

通常单手操作即可，使用 3~4 米的短竿，撩提的抖竿动作是通过"抖腕"来实现的。"抖腕"就是钓友手握竿柄，用爆发力向上抖动自己的手腕，促使竿尖上翘，瞬间将钩上提深刺鱼嘴。对于新手，在做这个动作的时候，要做到短促有力，用力不要过大，否则很容易会出现折竿、断线的情况。

提竿出水

在抖竿后我们紧接着需要做的就是提线，无鱼时线会很轻，可慢慢提线出水再进行换饵；有鱼时线会发沉，有下坠感或扭动感，应紧绷钓线，再判断鱼的大小来采取相应的对策，可以提也可以遛。

提竿的动作要领

提竿的正确要领

竿柄处抵住持竿人的上肘部，肘忽然往下压，手腕爆发大力向上挑。提竿的动作有以下几点需要注意。

1. 控制好肘部、小臂和腕部的爆发力，尤其是手腕要顿一下。这一 "顿" 会让鱼钩刺进鱼嘴，所以动作幅度不要太大。

2. 一定不能对鱼竿大起大拉，这样会拉掉鱼的下颚，或令鱼吐钩更方便，从而形成跑鱼。

3. 在垂钓个体较大的鱼时应尽量遛鱼。钓到鱼以后，当鱼用力挣扎时，利用线的弹性左拉左摆，等到鱼筋疲力尽后，再以网抄取。小鱼则可直接抄取，不必遛鱼。

4. 当鱼往远处或深水处逃时切忌与之硬拼生拉，否则会惊走周围鱼群。可利用鱼线牵制鱼，让上钩的鱼来回兜圈，待其无力后再拖拉出水。

3.8 遛鱼的技法

要如何遛鱼还需要根据鱼的大小、逃窜方向、逃窜的力度和速度而选择不同的且有针对性的策略。

[遛鱼的原因]

我们在垂钓时，钓到什么样的鱼，什么情况下需要遛鱼，必须根据实际情况而定。

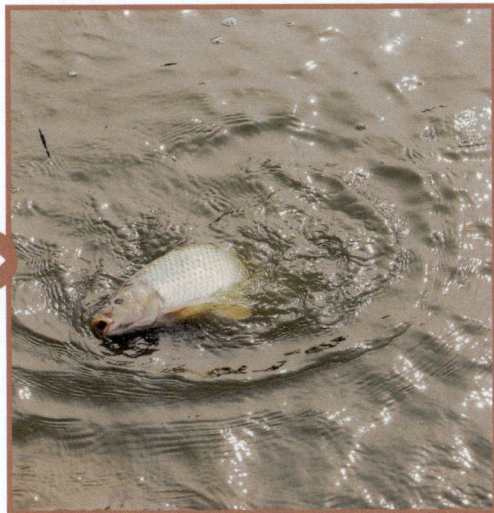

从图中我们可以看出，水面水花四溅，体积比较大的鱼已经上钩，此时需要利用遛鱼的方法来制服鱼类，等鱼儿来回摆动直至精疲力尽时，就可以拉出水面了。

[遛鱼的方法]

大鱼上钩后一定要保持沉着冷静，运用撩逗法、长线控制法及"8"字遛鱼法即可制服大鱼。

遛鱼前需要了解这些

在遛鱼前，要先了解鱼竿所能承受的拉力；钩和线能承受的拉力；绕线轮上有多少线，等等。

在遛鱼时，最好注意下钓点的情况，看看自身前后有没有障碍物；水下有没有树枝、石头等障碍物。要尽量避开这些地方再进行遛鱼。

撩逗法

当竿梢连续抖动或被拉成弓形时

提竿拉不动，很有可能是大鱼"打桩"，这时最适合撩逗法。双手握竿绷紧钓线，缓慢地提拽钓线，反复几次后，大鱼就会忍不了疼痛，浮出水面，然后再遛鱼即可。

长线控制法

当确认钓上的是大鱼需要遛鱼时

既要做到收线，也要做到放线。放线控制在 25m~30m 之间，不是任由鱼拉线，而是要通过鱼轮的曳力进行控制。

只要曳力适度，既可以做到鱼拉动鱼线，又可以迫使鱼费大力气以达到消耗其体力的目的，反复几次，即可把鱼遛累。再慢慢用力将竿抬高成 45° 角，将鱼头提出水面，直到将鱼遛得难以保持平衡，出现侧身歪倒的情况，就可以把鱼遛至近岸。

注意在提竿时，一定要保持一手在上、另一只手在下握紧竿柄，动作要有节奏，不可忽快忽慢、忽重忽轻，要做到主动领鱼，千万不能让竿倒向鱼逃窜的方向。

另外，领鱼运动的运动轨迹要呈圆弧形，促使鱼在不知不觉的情况下改变游动方向，鱼线移动的速度也要快于鱼游动的速度，让鱼跟着鱼线游，这是控制鱼游向的关键。只有这样领鱼在水中转弯，反复引遛后才最有效果。

"8"字遛鱼法

"8"字遛鱼法是长线控制法的继续和延伸

当鱼被控制在 25 米~30 米之间时，鱼已经过多次被遛，已经处于没有力气冲刺的阶段，此时钓友可以马上采取收线。待拉鱼靠岸边 5~6 米时，开始如下图采用"8"字遛鱼法进行遛鱼，直至抄鱼入网。

[遛鱼时的注意事项]

在遛鱼过程中，稍微操作不当，就会断线跑鱼，那么遛鱼时又需要注意哪些事项呢？

在遛鱼的过程中需要注意

不要死搬教条采用 "8 字" 遛鱼法

要在预感鱼逃走的方向的前提下合理地应变，使钓线同鱼游动的方向始终保持 45 ~ 90 度左右的夹角，这样可以使鱼始终跟随着钓线游动，将主动权控制在自己手中。

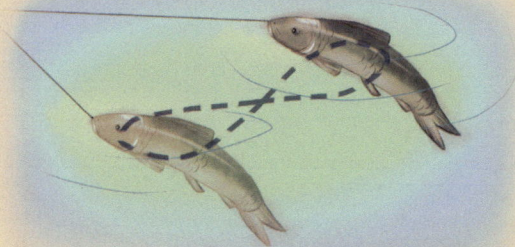

及时采取倒竿方法调整鱼的冲岸行为

如果岸边有足够的后退空间也可以及时后退。因为此时如果不及时采取相应的措施就会使鱼线同鱼竿的夹角变小，过小的夹角会导致鱼竿形成死弯造成鱼竿折断。

遛鱼时不可操之过急

当鱼还没有自行浮出水面时，没经验的钓友往往会采取强制性手段将鱼提到水的上层，其结果是鱼受惊了，而此时钓线和鱼钩已经受了很长时间的抻拉，在鱼的最后挣扎下往往会出现断竿的情况。

⚓ 3.9 抄鱼的技法

准确的抄鱼时机是当大鱼被彻底溜疲翻白之时，立刻拉到岸边用抄网抄起，只有把握好时机才能事半功倍。

[抄鱼的技巧]

若想把鱼稳稳地提上岸，那么抄鱼就是最重要的一环。如果掌握不好抄鱼的技巧，往往煮熟的鸭子也会飞。

抄鱼技巧讲解

1. 抄网的使用技巧

抄鱼时，应该斜插入水，使鱼头对准网口的中央，再顺势将抄网向前推鱼入网，这个过程必须一次成功，否则鱼会伺机而逃。当鱼入网后，要放松钓线以防鱼被紧绷的鱼线拖出网外。

2. 不要先把抄网放水中

先把抄网放进水中，这种方法是不可取的。鱼见抄网，必拼死挣扎，反而很容易让鱼逃脱。正确的做法应该是：将鱼遛乏后，直至肚皮朝天一动不动的时候，再拉到近岸用抄网抄起。

3. 上钩的鱼如果还能自由游动，说明鱼还有力气，不能拿出抄网

由于抄网在水中存在很大的阻力，一般人的反应跟不上鱼的游动，尤其是鱼还有力气的时候，很容易会挣脱，必须将鱼遛乏，不再游动的时候再用抄网抄鱼。

4. 尽量不要从鱼的后面开始抄鱼

从后面开始抄鱼，是非常不可取的，好似拿着抄网赶着鱼走。所以在抄鱼的时候，必须先从鱼的头部开始抄起，因为鱼不能快速撤退，才会顺势抄进抄网中。

5. 在准备钓大鱼之前，就要把抄网放在身边

这样做可以在将鱼遛到一定程度需要用抄网的时候，方便拿取，避免在需要用网的时候，一手提着钓竿，抄网又离自己很远，即使拿到了抄网，也耽误了时间，忙乱中造成鱼的逃跑，就太可惜了。

6. 最好不要挑着竿子遛鱼

控制鱼的过程是短暂的，大鱼咬钩后必然扭头游向水中央，此时如果我们一味高挑着鱼竿，以为只要保持竿与线之间的大夹角就能控制住鱼是很不靠谱的想法。此时要将高挑的竿迅速下撇，让线与水面平行才可以。

7. 用炸弹钩钓上的鱼，抄鱼时要注意方法

抄鱼时最好使鱼头从抄网口的中间部分进入，不要让鱼的头部碰上抄网，因为炸弹钩的钩较多，很有可能会挂在抄网上，使鱼不能入网，以至于造成脱钩的现象。而在使用串钩的时候，更需要防止抄鱼时多余的钩挂住抄网。

8. 抄鱼最好直提，杜绝横扛

在抄上鱼后，新手往往不看鱼的轻重，双手把抄网一抬，想横着把鱼擒上来，其实这样很不合理。由于鱼的重量不仅压在抄网上，同时也压在抄网的柄上，而抄网的横向负载力是有限的，弄不好会造成抄网断裂。正确的做法应该是：侧起抄网，把抄网口竖起来，握着抄网柄或抄网的金属圈把鱼端起来。

①

准备抄鱼的抄网。发现大鱼时要沉着冷静，用抄网慢慢接近上钩的大鱼。

②

把鱼遛到真正困乏，肚皮朝上，再将抄网斜插入水中。

③

以网口对鱼头抄入，顺势使抄网向前推进，将鱼抄入网中。

④

在鱼被抄入网内后，要及时放松钓线，防止已经进了抄网的鱼，又被紧绷的钓线拉出网外而跑鱼。

3.10 台钓技术

台钓技术最早在日本、韩国比较流行，后流传到我国台湾，经过不断的改进创新，形成了一种独特的垂钓方式，我国台湾也称之为悬坠钓法。

[台钓的要求]

台钓有着自己独特的搭配需求，因其钓组灵敏，上鱼速度也很快，诱钓结合，能更深层次地体现出垂钓的优势。

对装备的要求

1. 台钓对鱼竿的要求

台钓用竿讲究用短竿，所以一般竿长为 6.3 米、5.4 米、4.5 米、3.9 米、3.6 米或 2.7 米。钓竿均选用碳素材质，这种材质既有韧性，又能很好地减轻竿身的重量。为了能更好地体现垂钓不同鱼类的手感，可选不同的调性，有适合专钓大型鱼类的硬调，有适合专钓中型鱼类的中调，也有适合专钓小型鱼类的软调。当然一般的休闲垂钓，也没有太多的讲究，不同调性的钓竿都不会影响上鱼，只不过手感不同罢了。

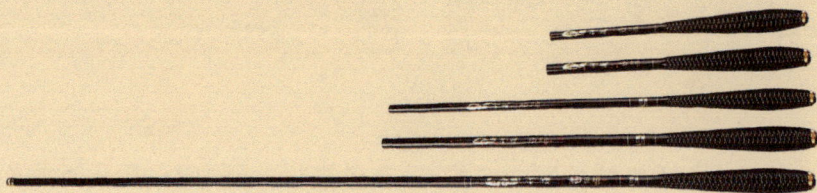

2.台钓对鱼线的要求

台钓的钓竿是钓具中比较贵的，这样就必须要有很好的保护措施。为了保护钓竿，就必须选择不同的钓线，以免在上鱼时因为钓线的拉力问题而导致断竿。早期的钓线以尼龙为主材料，现在因为台钓的流行，对钓线的要求更加苛刻，要求钓线既要细又要有韧性。

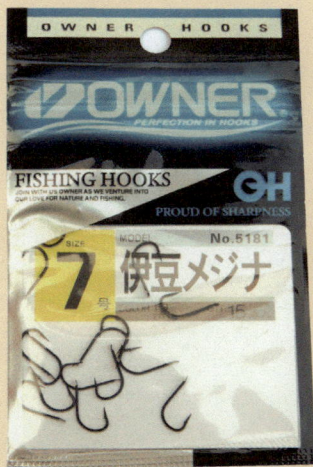

3.台钓对鱼线的要求

台钓的鱼钩跟传统的有很大区别。台钓的钩型大小不一，且都有锋利的钩尖，以便更灵敏更快捷地刺鱼。大部分台钓鱼钩都是无倒刺型的，这是为了方便摘取鱼且又尽可能地不伤害到鱼儿。垂钓的鱼类鱼型不相同，使用的鱼钩形状与大小也不相同。特殊的掠食性鱼类还有特殊的长柄钩型设计。

4.台钓对浮漂的要求

台钓的主要特色就体现在浮漂之上，浮漂和鱼钩一样都具有繁复的种类，会根据不同的鱼类、不同的水深、不同水域，对线组不同粗细的浮漂做出相应的配置。而且制作浮漂的材料也各有不同，有孔雀翎、巴尔杉木、纳米材料、轻木、芦苇等，各种材质都有各自的特点，让垂钓爱好者应接不暇。

5. 台钓对辅助工具的要求

台钓的辅助工具很多，钓箱是垂钓者必不可少的辅助工具。钓箱也是垂钓者的坐凳，只不过在坐的同时还可以安置各种辅助工具，如钓竿支架、鱼护、晴雨伞、饵料盘等。休闲钓没有那么多讲究，随便拿个小凳子就可以坐，相比之下竞技钓比较讲究，比较正规的台钓钓具，还应当配备其他的装备，例如抄网、钓竿支架、竿包、晴雨伞等。另外还配置有一些必须的小配件，如太空豆、浮漂座、铅座、八字环、铅皮、小剪刀，等等。

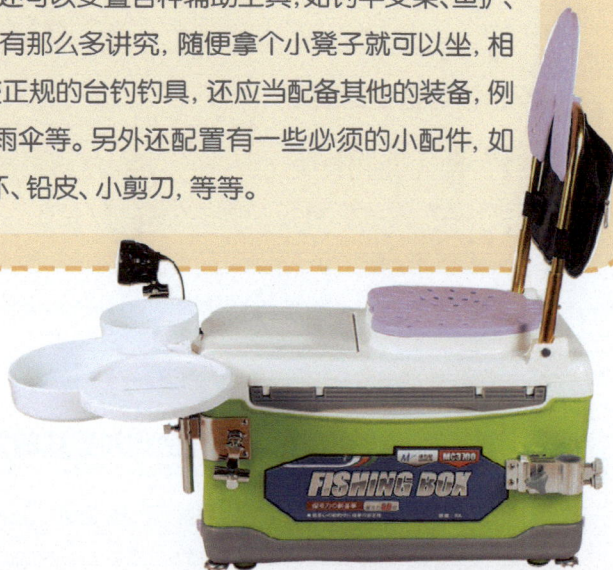

对饵料的要求

台钓饵的炮制需要按照包装上的制作说明来完成。一般来说，台钓饵的炮制要就地取水，比例是一比一。先从鱼池中取一定量的水倒入食盆中，再取同样数量的饵料倒入盆内水中，用食指、中指、拇指拌 5 秒钟左右，停放数分钟后用手蘸水搓揉便可。炮制好的鱼饵应松软适中，且有一定的黏性。炮制好后制成大小一致的鱼饵装钩，鱼钩要在正中。

台钓对撒窝子的要求

台钓的特点是钓饵的诱、钓合一。台钓不是用专用的撒窝器将钓饵撒入钓点，而是用先进的鱼饵、准确的抛竿动作，将鱼引到一起，像是排着队来争抢鱼饵。台钓的饵料团粒一入水便开始溶化，从水面到水底化成圆锥状，通过不断地抛竿、扬竿，起到不断引鱼的作用。

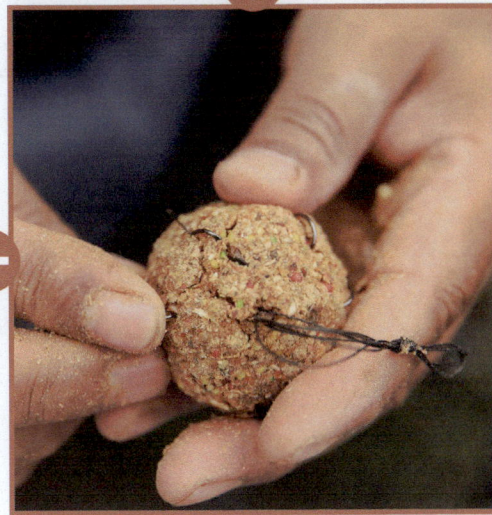

[了解台钓]

台钓有着自己独特的搭配需求，因其钓组灵敏，上鱼速度快，诱钓结合，能更深层次地体现出垂钓的优势。

台钓的特征

有不少的钓友，在接触台钓后就被深深地吸引。虽然台钓需要一大堆的钓具，传统钓只需简单的一竿一线一鱼篓、一把酒米一条蚯蚓，但是，就因为台钓不但有传统钓的漂相，而且能体现出各种鱼儿觅食的动态漂相，更能体现鱼儿疯狂就饵的状态，从而让人感觉到钓鱼的深奥，痴迷般地愿意去不断探寻。

台钓的优缺点

台钓的优点

台钓的灵敏度、隐蔽性、对鱼的诱惑力等方面的优势都是传统钓法所无法企及的；从实践中看，风靡全国的手竿钓鲫比赛也已证明了台钓的先进性。作为一种新的垂钓方法。台钓能做到尽可能多、尽可能快地钓上鱼，这不仅表明了其技术上的先进性，而且满足了人们的征服欲和成就感。因此，台钓是一种有生命力的钓法，学习、研究、发展这种钓法，应该是我们每个热衷垂钓的人的共同努力方向。

台钓的缺点

台钓优点虽突出，却只适宜在养殖池塘钓高密度的小型鱼类，不适宜自然水域及恶劣天气条件，而且学习台钓需要雄厚的物质基础，目前很多钓友还不具备此条件。

3.11 海钓的技法

海钓惊险刺激，钓鱼方式也多种多样，但在技术和装备需求上却有别于淡水钓。所捕获的鱼类更多，个体差异也大。

[了解海钓]

海钓是海水中垂钓的统称；一般垂钓者会在海边的礁石上、沙滩上、栈桥上等地方向大海垂钓。

海钓的特点

时机

海钓要在涨潮未满时进行。因为当海水长满时，鱼是不会进食的；同样，在落潮的时候，鱼会随潮水退回离岸边较远的水域，也不会进食。

气候

热带、亚热带气候的四季都适合海钓，这种气候的海鱼种类繁多、产量大、体积大，是海钓的理想场所。温带气候以春、秋两季为宜；亚寒带气候则以夏季为宜。

安全

海钓的优势是可以钓到大鱼，能够很好地磨练人的意识，但危险性也是极大的。如有天气变化、水情有变时，不像陆地那样可以随时离开，所以在海钓时，一般有危险应立即撤离。

海钓中鱼竿的使用范围

海钓	多使用海竿、手竿和手海两用竿
海滨防洪堤、栈桥和海湾	多用手竿
浅滩、船钓	海竿和手海两用竿
年轻人	首选海竿和手海两用竿
老人、妇女、儿童	首选手竿

海钓各钓组的作用

串漂钓组

主要用于浮钓，钓组上方挂 4~10 只浮漂，下方则系有 5~10 枚长柄流线型的鱼钩。

胴突钓组

主要用于海底钓，由重铅砣、单式双天秤、多枚鱼钩、多个返捻环组成。铅砣上方的钓线每隔 1~2m 系一个天秤和鱼钩，悬在底层水中，钓取中、下层鱼类。

天压钓组

主要用于钓取章鱼和乌贼类的钓组。灯笼钓组不系铅砣，在连接器和钓组间系一个金属丝制成的诱饵网兜，内装诱饵，用脑线系 2~6 枚鱼钩，钓取中、上层鱼类。

漂流钓组

由脑线、鱼钩、返捻环组成，主要用于船钓和手竿钓。在使用时，钓组在海水中层随潮流而动，钓取中层鱼类。

拉钩钓组

主要用于船钓，不需要系铅砣，在钓组中系一个潜降板，可使钓组在潮水中滑动。钓组在船后，随船前进，在表层水中拨动。当鱼咬钩时，鱼竿会被拉弯，到此时就可以提竿了。

[钓位的选择]

海洋环境较为复杂，考虑钓位一定要综合多种因素，下面是几条普遍的适用原则。

避免浅滩

大多数鱼儿都有避光性，一般只有夜间和早晚在浅滩活动。浅滩上阳光充足，不适合鱼类活动。

应选择滞水区

内海中的滞水区，包括河流入海口、生活码头、防波堤等。这些地方水底淤泥或沙石较多，水流缓慢、饵料丰富，鱼儿较多。

岩礁垂钓

岩礁垂钓应选面向海潮冲击的一面，即通常所说的潮表。潮表带来丰富的浮游生物，所以是鱼儿聚集的所在地。

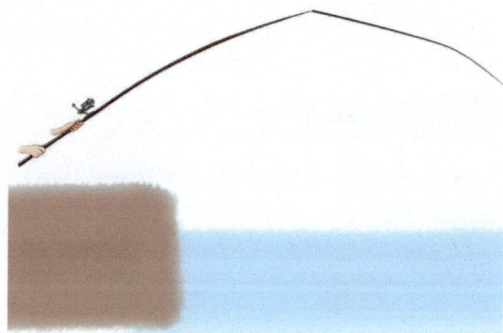

[海钓的方法]

无论是哪种海钓，都需要依据海鱼类的生活海域和觅食习性进行分析。海钓一般可分为三种钓法。

浮游钓法

一般海洋中的鱼类生活水层各有不同，有生活在上层的黑鲷；有生活在中层的白带鱼、六带鲹；还有生活于底层的石鲷鱼等，我们必须借助浮漂的浮力，让钓饵悬垂于适当的水层才能方便捕获他们。

沉底钓法

海洋中有许多鱼类是海底栖息鱼类，在海底觅食，如砂质底域的沙肠仔、鲽鱼；泥质底域的真鲷鱼、马头鱼；砾岩底域的海鸡母笛鲷、石斑等。钓者借助沉子的重量，让钓饵沉入底域来钓获它们，这种方法叫沉底钓法。

拖曳钓法

同样，海洋中还有很多强势的鱼类，以猎食为生存方式，被统称为"掠食性鱼类"，如旗鱼、鲔鱼等鱼类。需要垂钓者根据其猎食的特性，用手拖动钓饵的方法来钓获它们，这种方法就叫拖曳钓法。

鱼饵提示：海鱼多是凶猛类肉食性鱼类，"大鱼吃小鱼，小鱼吃虾米"是它们的食物特性。针对这点，以鱼肉、鱼肠、海虾、海蟹、牡蛎、蛏子和蛤类等软体动物的肉或像沙蚕、沙蝎、海藻虫和海蟑螂等海虫为饵，都符合海鱼的口味。

⚓ 3.12 钓鱼要领

在钓鱼时，就算有精致的钓具、上佳的饵料、有利的钓点，但如果不懂得钓鱼的要领，也不会有很大收获。下面我们来介绍一下钓鱼的要领。

树立信心、恒心

大多数人没有常性，往往一段时间后见还没有漂儿动，就想换地方，有人甚至在一个小时内连续换两三个位置。其实钓鱼地点一旦确定后，就应有信心和耐心坚持下去，不要轻易挪窝，除非选了"死窝子"。

甩漂的方向和目标的准确

要想做到不丢失目标，就要在选好的钓点，将钓竿支架插好，把漂甩在钓点中，钓竿放在支架上，在河的对岸找一个明显的目标，使眼、漂与确定的目标三点成一直线。每次按此方向和目标甩漂，就不会丢失窝子的位置。

每次甩漂的范围要小

垂钓时，要想每次甩漂准确是不可能的，但尽量做到范围越小越好，这样鱼类更容易找饵。一般在一尺直径范围以内为好。如果采用长竿短线的续漂方式，那么范围越小，位置越准确。

手不离竿，眼不离漂儿

垂钓时，经常等了半天漂也未见动静，想上个厕所，往往刚走远几步，漂送来了，这时急忙跑回去提竿，鱼已经走了。一些老钓友在钓鱼时虽然也抽烟、说笑，但他们的眼睛却始终盯着浮漂。

创造安静的钓鱼环境

钓鱼时一定要创造一个安静的钓鱼环境，钓友们不要大声喧哗，走路的脚步也不要太重，更不要播放收音机。除此之外，最好不要穿反光强的衣服钓鱼，也不要背着太阳垂钓。